ちくま文庫

世界奇食大全 増補版

杉岡幸徳

筑摩書房

目次

はじめに…奇食は美食なり 10

第1章 奇食への招待状 13

第2章 伝統の奇食 31

フグの卵巣の糠漬け 猛毒を食べる文化（石川県） 32
漬物ステーキ これぞ純和風ステーキ（岐阜県飛騨地方） 36
サンショウウオ 大食通・魯山人も絶賛（福島県檜枝岐村） 40
おたぐり 「糞の味」の魔力（長野県伊那地方） 46
イルカ かわいい動物を食べていいのか？（静岡県伊豆地方） 51
なれずし 三十年熟成の妙味（和歌山県新宮市） 54

ツキノワグマ　獣肉界の勇者（東京都）　57
メダカの佃煮　雪国の郷愁（新潟県）　63
酒ずし　仕込み方に秘密あり（鹿児島県）　68
ヘビ　幻のヘビ飯を求めて（中国）　72
ザザムシ・ハチの子　人はなぜ虫を食べないのか（長野県伊那地方）　78
ウマのたてがみ　本当に食べられるのか（熊本県）　84
クジラ　日本の伝統食ではない？（日本各地）　90
ウサギ　「一羽、二羽」と数えるわけは（ヨーロッパ）　95
サボテン　生食よし加熱してよし（メキシコ）　100
カンガルー　クジラとどちらがおいしいか（オーストラリア）　105
鶏のとさか　王妃も愛した媚薬（フランス）　110
サソリ　毒をもつ生き物の底力（中国）　114
ザリガニ　エビとカニの中間の風味（世界各地）　116
土　正常なのか異常なのか（世界各地）　121
カエル　名コックの策略（世界各地）　124

第3章　奇食界のニューウェーブ　129

みかんご飯　ポンジュースで炊こう（愛媛県）　130
サラダパン　たくあん入りの洒落たやつ（滋賀県湖北地方）　136
甘口イチゴスパ　中京奇食界の最高峰（名古屋市）　140
味噌カレー牛乳ラーメン　辛さと優しさのせめぎ合い（青森市）　147
いちごシロップもんじゃ　子供の前衛的実験料理（群馬県伊勢崎市）　151
パイナップル茶漬け　和洋折衷の極北をいく（愛知県一宮市）　157
ブラックバス　湖のギャングを食い尽くせ（滋賀県草津市）　163
ゼリーフライ　謎が渦巻くローカルフード（埼玉県行田市）　170
シュールストレミング　世界で一番臭い食べ物（スウェーデン）　177

第4章　めずらしい飲み物　183

樹液　木々の生命をいただく（北海道美深町）　184
イカスミジュース　飲んではいけないものを飲む（名古屋市）　187

カレーラムネ・わさびらむね　インド人もビックリ（静岡県）　190
アブサン　幻覚を呼ぶ「飲む大麻」（スイス・フランス・ドイツ）　195

第5章　不思議なデザート　199

ふなずしパイ　「夜のお菓子」のホープ（滋賀県守山市）　200
まんじゅうの天ぷら　もったいない！　の精華（福島県会津地方）　204
みそカツ丼アイス・親子丼アイス　本物の肉で勝負（名古屋市）　208
納豆コーヒーゼリーサンド　超現実的なカオス（三重県鈴鹿市）　213
バクラヴァ　地球で最も甘い菓子（トルコ）　218
サルミアッキ　世界一まずい飴か？（フィンランド）　224
ハチの巣　人類最古の菓子（ニュージーランド）　229

第6章　幻の珍グルメ　233

紙　味噌汁の具にどうぞ（日本）　234

毒キノコ　不思議の国のアリスもお気に入り（長野県・宮城県）　236
トラ　加藤清正はなぜ狩りをした？（日本・中国）　239
ラクダのこぶ　満漢全席の片鱗へ（中国）　241
キビヤック　鳥の肛門から液を吸い出す（北極圏）　246
蚊の目玉のスープ　地上に実在するのか（中国）　250
人魚　不老長寿の薬（世界各地）　252

第7章　文庫版増補

パンカツ　炭水化物道を極めよ（東京都）　258
トド　この世の不条理を喰らえ（北海道）　262
ソテツ　地獄を呼び起こす植物？（南西諸島・ポリネシア）　266
カメノテ　怪獣の手か？（スペイン・日本）　270
イソギンチャク　若い男の○○？（スペイン・有明海）　273
ワラスボ　海からやって来たエイリアン？（有明海）　277
蘇　古代の乳製品（日本）　280

イヌ　日本の伝統食か？（アジア・ヨーロッパ・アフリカ）　285
おわりに…奇食は世界を動かす　298
文庫版のための後書き　300
奇食セレクト95　302
主要参考文献　310
解説　宮田珠己　314

＊本書で取り上げた料理やレストランは、時代とともに変化していく可能性があるので、食してみたい方は、事前にネットなどで最新メニューを調べることをお勧めします。また、移転、閉店などの可能性もありますのでご注意ください。第6章までに出てくる価格は、二〇〇九年の取材時点のものです。

世界奇食大全　増補版

はじめに——奇食は美食なり

僕らは、毎日何かを食べている。

ある時は新鮮なマグロの刺身を、ある時はジューシーな霜降り牛を、たまには贅沢してフグちりを囲んでみたり、カニの脚にむしゃぶりついたり、仲間とイカ入りお好み焼きを分けあったりと、まあみんな幸せな食生活を送っている。

しかしこの世には、とんでもない物を食べて暮らしている人々がいる。

ある人はサソリやゲンゴロウ、トンボをフライにして食べ、ある者はカエルの足に齧(かじ)りついたり、イグアナに食らいついたり、カンガルーを捕まえて豪華なステーキにしたり、毒キノコが大変なご馳走だったり、メダカの佃煮を作ってみたり、「土」のスープを喜んで飲んでいる人々だっている。

食後には、幻覚を誘う酒を嗜(たしな)んだり、ハチの巣をそのままパクついたり、チョコレートパフェにギョウザが載っていたり、パンに納豆とコーヒーゼリーと生クリームがはさんであったり……と、人間の食欲には際限がないのだ。

人間は雑食性の生き物だから、自然界のあらゆる物を食べて生きている。僕らの食の世界は、とてつもなく豊かで広い。

だが同時に、僕らの住む社会には、必ず「これは食べるな」という食のタブーが存在する。

その禁じられた食べ物を、人は「奇食」と呼ぶ。

つまり人間は、あらゆるものを食べながらも、あらゆるものを食べずに生きている動物なのだ。これは、非常に不条理であり、もったいないことだと思う。

そう考えた僕は、この世に存在するあらゆる変わった食べ物——奇食——を探し求め、実際に食して、その味や背景に存在するものをレポートしてみた。

中にはとんでもない代物もあった。まったく食べ物の味がしなかったり、とてつもなく臭かったり、人間にはとうてい理解できない味をしている「食べ物」もあった。

しかし、押し寄せる奇食の波を乗り越えてみて、わかったことがある。

それは、食べ物とはこの世界そのものであり、人間そのものだということだ。

フランスの高名な美食家ブリア＝サヴァランはこう言った——「何を食べているか言ってみたまえ。君が何者か当てて見せよう」と。

そう、ある人が茹でたザリガニに幸せそうに齧りついていたら、それは彼がフランス人だからだ。ラクダのこぶの料理を有難く頂戴している人がいたら、たぶんそれは金持ちの中国人だろう。そして、嬉しそうにタイの活造りやら、クジラの刺身を頬張りながら、「カンガルーを食べるなんて、オーストラリア人は野蛮だね」なんて嘯いている人は、きっと日本人に違いない。

奇食とは、人間世界の謎を開ける鍵なのだ。

そして、奇食は必ずしもまずいものばかりではない。まったく逆に、美味だからこそ、宗教や権力によってタブーとされたものもあるのだ。その証拠に、美食の料理として有名なフランス料理と中国料理にこそ、最も奇食が多いのである。

つまり、奇食は美食そのものなのだ。

僕らは、日頃から変なものを選んで食べていれば、必然的に美食家になれるのである。

奇食の向こうに広がるめくるめく世界を、一緒に覗いてみませんか?

(なお、文庫化にあたり、「パンカツ」「トド」「ソテツ」「カメノテ」「イソギンチャク」「ワラスボ」「蘇」「イヌ」の項目を追加しました)。

第1章　奇食への招待状

人間はあらゆるものを食べる

『ビルマの竪琴』の作者である竹山道雄氏は、弱っていた。何回目かのフランス旅行だったが、とにかく異様でグロテスクな料理ばかり出されるのだ。

ある時は、切られた雄鶏の首をそのまま。とさかももちろん食えという。またある時は、仔牛の「顔の皮」を引き剝がしたものだった。歯を剝き出しにしたウサギの丸煮は出てくるし、ヒツジの心臓や脳みそ、血を詰めたソーセージなども食卓に並び、しきりに食べろと勧められるのである。

こういう見慣れぬ料理をなんとかくぐり抜けているうちに、ある事件が起こった。

あるとき大勢の会食で、血だらけの豚の頭がでたが、さすがにフォークをすすめかねて、私はいった。

「どうもこういうものは残酷だなあ――」

一人のお嬢さんが答えた。

「あら、だって、牛や豚は人間に食べられるために神様がつくってくださったのだわ」

幾人かの御婦人たちが、その豚の頭をナイフで切りフォークでついていた。彼女たちはこういう点での心的抑制はまったくもっていず、私が手もとを躊躇するのをきゃっきゃっと笑っていた。

「日本人はむかしから生物を憐みました。小鳥くらいなら、頭からかじることはあるけれども」

こういうと、今度は一せいに怖れといかりの叫びがあがった。

「まあ、小鳥を！　あんなにやさしい可愛らしいものを食べるなんて、なんという残酷な国民でしょう！」（『続ヨーロッパの旅』新潮文庫）

この話は、奇食や人間の食のタブーについて、象徴的に教えてくれるエピソードだと思う。

この世では、ブタの頭などをはるかに超えた異様な物が、しきりに食べられているのだ。

中国人はクマの掌、カブトガニ、イヌ、ネコと何でも食べる。カンボジアやラオスではタガメやセミをフライにして露店で売っている。フランス人はカエルやザリガニの料理を優雅に楽しんでいるし、オーストラリアのアボリジニのご馳走はカンガルーやイモ虫、アリ、トカゲだ。日本でもザザムシの佃煮やハチの子の炊き込みご飯、メダカの佃煮、今や天然記念物のオオサンショウウオ、サボテンなど、奇妙なものがやたらと食卓に載っているのだ。

これらを見て、人間というものは、この世のすべてのものを食べていることがわかる。ただ、毒のあるものを除いては。

……と言いたいところだが、石川県では、猛毒をはらむフグの卵巣を食べるし、シベリアでは毒キノコであるベニテングタケがご馳走だし、沖縄では毒性のあるソテツを味噌などにして食している。

つまり人間は、毒のあるものも含めて、あらゆるものを口に入れている動物なのである。なんて強欲で節操のない生き物だろう。

ウマは草しか食べないし、コアラにいたっては、特定の種類のユーカリの葉しか口にしない。多くの動物は多かれ少なかれこの程度なのに、人間とはなんと意味もなく、際限なく食いつくす動物なのだろうか。

複雑怪奇なタブー

人間が、いかに多くのものを食べてきたかは驚くべきことだ。しかし、いかに多くのものをタブーとして食べなかったかもまた、驚くべきことなのだ。

「食のタブー」というと、ヒンドゥー教のウシ、イスラム教のブタが有名だ。しかし世界には、もっと多様で異様な食のタブーがある。

たとえば、日本では馬刺しなどでよく食されている馬肉。これは、特にイギリスやアメリカでは絶対的なタブーである。アメリカの下院などは、ウマを屠(ほふ)ることを禁じる法案を可決しているほどだ。この地域ではウマはかわいく人間の役に立つ友達であり、こんなものを食用にするのは、とてつもない野蛮人の所業なのである。

僕らがコンビニやファストフード店で気軽に口にする鶏肉。これも、スリランカ、スマトラ島、インド、アフリカなどでは食べない人が非常に多い。

中でも、卵をタブーとする地域は多い。彼らからすると、卵を食べることは、生命の源を殺してしまうことであり、この上なく残忍で非道徳的なことなのだ。一種の「幼児虐待」のように見えるのだろう。

ちなみに、生で卵を食べる民族は、日本人以外にはまずない。他民族から見たら、「卵かけごはん」なるものは、とんでもないゲテモノに見えるに違いない。

さらに日本人にとって信じがたいのが、魚をタブーとする民族だ。これも、タスマニア島、アフリカ全土、アメリカ先住民、インドなど、広範囲に存在する。だいたい遊牧民には、魚を汚らわしく不気味な存在として、断固として拒否する人が多い。ソマリアには「魚を食って俺に話しかけるな」という言葉があるほどだ。彼らにとっては、魚は生臭くてとても気持ち悪い存在なのである。

さらには、タマネギやニンジン、ダイコンすら拒否する人々もいる。

インドのジャイナ教の信者たちだ。この宗教は完全な不殺生主義のため、動物の肉はもちろん、根菜もだめだ。根菜は掘り出すとき、根のまわりにいる生物を殺してしまうかもしれないからだ。

さらに、複雑怪奇なタブーもある。

たとえばアフリカではこんな事例がある。

「サン族では、リカオン、ハゲワシ、ハイエナは一般に食禁だったが、初老以上の年長者は食べてもよく、カメは幼児と老人以外食べられず、スタインボックと跳びウサギは一〇〜二五歳の男女にとってタブーだったが、結婚して最初の子供が三歳ぐらいになると解禁された。グウイ族では、ハイエナ、ハゲタカ、ライオン、猟犬が一般に食禁とされていたが、ガンやカメは幼児と四〇歳以上の人なら食べてもよく、六カ月以下の幼児をもつ夫婦は小カモシカや野ウサギを食べてはならなかった」（山内昶著『タブーの謎を解く』ちくま新書）

ここまで来ると、何のために食のタブーが存在するのか、さっぱりわからない。

少なくとも、私たちがある食べ物を食べないのは、「それが不味いから」だとか、「手に入りにくいから」といった、単純な理由からではないことが、おわかりいただけたのではないだろうか。

なぜ、こんな食のタブーが存在するのだろうか。

人間は雑食性の動物であり、何でも食べることができる。好き嫌い言わずに食べたほうが、経済学的にも栄養学的にも効率的なはずなのに、どうしてこんなに複雑なタブーが存在するのか。

実は、「食」と同じくらい煩雑なタブーが存在する領域がある。「性」だ。この世界も、近親とセックスをするなとか、十八歳未満はだめとか、体位は正常位のみとか、やたらと複雑なタブーが存在することを、たぶん皆さんは身をもって感じているに違いない。

それでは、なぜ人間の「食」と「性」にはタブーが多いのか。

それは、この二つは人間と動物が、最も近い領域だからだ。人間は自分が動物ではなく、文明を荷う存在であることを証明するため、「食」と「性」という動物的本能に、タブーという制約を設けざるをえなかったのだ。

奇食とは何か？

ここで、本書のテーマである「奇食」に戻ってくる。

これは「変わった食べ物、なじみのない食品」を指す言葉で、ゲテモノ、イカモノ、悪食（あくじき）などと言っても構わない。

だが、ここまで見てきて、「何が奇食か」という明確な定義がどこにもないことがおわかりだろう。

ヒンドゥー教徒から見れば、ウシは奇食そのものだし、イスラム教徒からすれば、ブタはとてつもないゲテモノであり悪食だ。

オーストラリア人から見たら、クジラを食べる日本人はどうしようもない野蛮人に見えるだろうが、日本人から見たら、かわいいカンガルーをステーキにして食べている彼らはなんて残酷な人々だと思うだろう。

すべての肉食を禁じ、タマネギやダイコンすら口にしないジャイナ教徒からしたら、すべての肉は奇食だ。中でも、肉じゃがやおでんを喜んで食べている日本人は、どうしようもない奇食マニアに見えるにちがいない。

関西人は、関東人が納豆や「何物か」に似ているもんじゃ焼きを楽しく食しているのを見て、「まあ勝手にやってくれや」と思うだろう。

つまり、あなたが奇食だと思えば、なんだって奇食になるのだ。

美食家ブリア゠サヴァランは、「何を食べているか言ってみたまえ。君が何者か当てて見せよう」という有名な台詞を吐いた。

そして、これは逆も言える。「何を食べていないか言ってみたまえ。君が何者か当てて見せよう」

ある人がブタを食べないのは、彼がイスラム教徒だからだ。ある人がクジラを食べ、魚の卵に嬉しそうにむしゃぶりついていたら、彼はおそらく日本人だろう。

たとえば、イギリス人はフランス人を「カエルを食べる者」、ドイツ人を「酢キャベツを食べる人々」と呼び、イスラム教徒のマレー人は中国人を「ブタを食う連中」という。何を食べるかでその人を規定することは、世界的に行われている。

つまり、何をゲテモノや奇食だと思うかによって、その人がいったい何者かが見えてくるのだ。

奇食は、一枚の鏡である。

あなたが奇食を覗きこむとき、奇食もあなたを覗きこみ始める。

そしてそこに映っているのは、いつもあなた自身の姿なのだ。

つまり、奇食を食べ、知ることにより、自分はいったい何者か、どこからやって来たのかが見えてくるのだ。

奇食の多い場所とは

ここで、どこに変わった食べ物が多いのか、考えてみよう。

それは、世界的にはやはり中国とフランスだろう。

中国は領土が広いから、いろんなところからあらゆる食材を調達するのが可能だ。

場所によっては、イヌからネコ、ラクダ、ハクビシン、アルマジロ、クジャクなど、ありとあらゆる野生動物が籠に入れられて売られている。

ちなみに、「悪食」という中国語には、日本語とは違い、「ゲテモノ」の意味はない。「粗末な食事」という意味である。

もう一つのフランスは、言わずと知れた美食の国で、ウサギからライチョウ、ヒツジの脳みそ、カタツムリ、カエルなど、日本人ならギョッとするものを上品にテーブルに載せている。だいたい、フランス語には「ゲテモノ」に当たる言葉がない。

日本では、長野県と愛知県である。

信州には、伝統的な昔ながらの奇食が多い。この地域は、周りを峻厳な山々に囲まれているので、いつも動物性たんぱく質に飢えていた。だから、他の地域ではめったに食べないものを平気で食する文化が生まれたのだ。「信州のいかもの食い」は有名で、ザザムシ、バッタ、カイコ、ハチの子などの昆虫食、ウマの内臓料理である「おたぐり」、またベニテングタケなどの毒キノコが食べられていることで知られる。本書でもたびたびお世話になる地域だ。

台湾ラーメン、みそカツ丼アイス、甘口イチゴスパ、パイナップル茶漬けなど、新しく変わった料理が多いのが、愛知県である。

もともとこの地域は保守的で、堅苦しい規則を守りたがる地域でもある。地下鉄に乗るときも、きっちり三列になってホームで待っている（最近は東京などでもこうなっているが）、エスカレーターには真ん中に線が引かれ、左右分かれて乗るように促されるほどだ。また、結婚式を非常に盛大に、ハデハデしくやることでも知られる。こういう保守性や律儀さの反動で、「甘口イチゴスパ」「みそカツ丼アイス」などの訳のわからない奇食が生まれてしまったのかもしれない。

逆に、外から見て奇食が少ないのは、食のタブーが強すぎて、食べられる物の種類が少ない文化である。戒律で食べていい物が厳しく制限されている、イスラム教やユダヤ教がこれに当たるだろう。

ユダヤ教徒が食べてはいけないものにいたっては、ヒレと鱗（うろこ）のないすべての魚、反芻する蹄（ひづめ）が割れていないもの（ラクダ、岩タヌキ、野ウサギ）、反芻せず蹄が割れているもの（ブタ）、鳥類ではハゲワシ、ハゲタカ、トビ、ハヤブサ、ダチョウ、カモメ、フクロウ、ミミズク、ペリカン、コウノトリ、コウモリ、また地を這うもののうち、ヤモリ、大トカゲ、イモリ、トビネズミ、カメレオン、羽があり四足で歩くほとんどの昆虫類、肉と乳製品を同時に使ったもの（肉入りクリームシチューなど）……などと、まったくきりがないのだ。

また、我が国においては、なぜか給食に変な食べ物が出されることが多い。

滋賀県の小中学校ではブラックバスが出されるし、愛媛県ではポンジュースで炊いたみかんご飯、和歌山県ではいまだにクジラが給食になっている。だいたい、給食で主食として出てくるパンだって、これが初めて登場した戦後間もない頃には、とてつもなくモダンで変わった「ゲテモノ」だったに違いない。

その根底には、採れ過ぎて余っている食材を学校給食に出して、強制的に大量に消費させようという魂胆があるのだろう。もともと子供たちは感性が柔軟で、異様な料理でも喜んで食べることが多い。かりに喜んで食べなくても、「給食は教育なり」という便利なスローガンがあるので、無理やり食べさせればいいわけだ。学校給食が奇食のパラダイスになっているのは、こういう事情があると見える。

またデザートに変なものが多いのも興味深い。たとえば、みそカツ丼アイス、うなぎケーキ、とんかつパフェ、マヨどらバーガー、ふなずしパイ、ジンギスカンキャラメル、納豆コーヒーゼリーサンド、カレープリン……と際限がない。

これは、人間はそもそもデザートなど食べなくても生きていけるからだろう。生命活動には初めから関係のない分野なので、それだけに好き勝手に遊びや冒険ができるわけだ。

生きていくのにまったく必要のない芸術に、いつも斬新で革新的なエネルギーが渦巻いていることと似ている。

食のタブーを打ち破る者たち

奇食は、大まかに言って二つに分けられるだろう。それは、（1）古く伝統的な食べ物と、（2）新しい食べ物だ。

古い奇食とは、昆虫食、ウマ、ラクダ、ザリガニ、クマ、ウサギなどだ。これらは、なぜかほとんどが肉類だ。植物の奇食はほとんどない。

だいたい食のタブーの対象は、ほとんどが肉である。菜食主義がその典型例だろう。これは、動物は人間とよく似て、殺す時は苦しんだり血を流したりするので、人間は彼らに共感しやすいからだろう。植物は別に叫び声をあげたりしないので、勝手な人間はなかなか同情しないものだ。

ちなみに、植物のタブーはほとんどがドラッグ関係である。大麻、ケシ（阿片）、幻覚キノコなどがそれだ。

新しい奇食は、さらに二つに分けられる。

一つは、「一つ一つの素材は珍しくないのだが、組み合わせが無茶苦茶なので、とんでもない料理になってしまったもの」だ。たとえば、激甘のパスタとイチゴと生クリームをミックスした「甘口イチゴスパ」や、ご飯に牛乳とパイナップルを投入した「パイナップル茶漬け」がこれに当たる。

もう一つは、土地の名産品を無理やり使ったメニューだ。山形名産のサクランボを使った「さくらんぼカレー」や、琵琶湖名産のフナずしを練り込んだ「ふなずしパイ」などがこれに当たる。これらが日本全国を席巻している。「なんとか地元の名産を世に広めたい！」という熱意のあまり、しばしばとんでもなく暴走し、変な作品が生まれてしまうのが、このタイプの傾向としてある。

それでは、変わった食べ物を恐れずに、むしろ喜んで口にする人々とは、どんな人々なのだろうか？

世界中の食のタブーを綿密に調べたアメリカの人類学者フレデリック・J・シムーンズの『肉食タブーの世界史』（法政大学出版局）などを総合すると、その人間像が見えてくる。

それは、（1）世界を旅している人、（2）子供、（3）知的で教養のある人、（4）かぶき者、だろう。

（1）については言うまでもないだろう。旅行者や貿易商人など、世界中を旅している人々は、あちこちで珍しい食べ物に出会い、口にする機会も多い。必然的に、奇食を食べるようになるのだ。実際、旅先で「私は宗教的信念に基づき、こんな野蛮な食べ物は口にできない」などと言っていれば、下手すれば餓死しかねない。

（2）の子供は、石やら虫やらおもちゃやら、何でも口にする傾向があることをご存じだろう。まだ社会の常識や固定観念に縛られていないので、興味を覚えれば何でも食べてしまうのだ。イヌやネコでさえ、歳をとると同じペットフード以外、断固として拒否することがある。

そして重要なのが、(3)の知的で教養がある人だ。アメリカの大学ではよく実験が行われている。キャンパスのどこかに変わった食べ物を置いておき、どんな生徒がそれを口にするか観察するのだ。これが、だいたい知的で成績がいい生徒が食べてみることが多いというのだ。意外なようだが、これはよく考えると当然のことだろう。

変わった食べ物に挑戦するには、知的で溌剌とした好奇心がいるのである。偏見や差別を取り払うには、知性や教養が必要なのだ。

だから今この本を手にしておられるあなたは、きっと知的で優秀な方に違いない。

(4)のかぶき者とは、江戸時代の初期にあらわれた、派手な服を着て、乱暴狼藉を働き、奇行に走った人々をいう。かぶき者たちは、当時表向きは禁制とされていた、イノシシ、クマ、タヌキなどの肉食を、これ見よがしに行ったという。現代でいえば、パンクやヒップホップの連中に似ている。

いつの世にも、時代の固定観念や閉塞感を打ち破るためには、こういうタイプの人間が必要なのである。

そして言うまでもなく、タブーとは破る人間がいるからこそタブーなのだ。食のタブーと、それを破る者の存在は表裏一体であり、どちらか片方だけでは生きてはいけないのだ。

奇食は美食なり

さて、世界的に奇食の多い地域をご紹介したが、これを見て何か気付かれなかっただろうか。

そう、中国とフランスは、世界的に見ても美食の国として有名なのだ。なにしろ、中国料理とフランス料理は、トルコ料理も含めて、世界三大料理と言われているのだから。

しかし、これも当然のことだろう。

こういった文化では、タブーが少ない分、多くの食材を料理にすることができるわけだから、確率的に美味しいものが多く生まれて当たり前なのだ。

ここで、こう呟く人がいるかもしれない。

「ある食べ物がタブーや奇食になるのは、それが不味いか、簡単に手に入らないからだろう。本当においしくて、身近にあったら、それは決してタブーにならず、普通に食べられているはずだ」と。

しかし、この考え方は根本的に間違っている。

たとえば、アフリカの東部に住むクシト人は、決して魚を食べようとしない。彼らは魚を汚らわしいものと信じ、断固として拒否する。

しかし奇妙なことに、彼らは海や川のそばに住む民族なのだ。その気になれば、いくらでも魚を獲ってテーブルに並べることができるのに、彼らは決して口にしようとしない。それどころか、彼らは漁業の方法を知らず、魚を獲って食うという発想すらないのだ。

こういう人々に向かって、「魚を食べないのは魚が不味いからだ」と言っても、まったく説得力はないだろう。

つまり、ある食べ物がタブーとされているかどうかは、その不味さとはまったく関係がないのだ。

むしろ、まったく逆のことが言える。

奇食とは、逆に美味しいからこそ「奇食」と言われるのだ。

宗教の根源には、多くの場合禁欲主義がある。楽しむことや快楽を悪とみなし、禁止するのである。

たとえば、キリスト教の七つの大罪には「暴食」と「色欲」が含まれている。どちらもとても楽しいことなので、宗教が親切に禁圧してくれているのである。

つまり、タブーとなる食べ物は、「おいしいから」タブーになったといえる。セックスにしても、それが大変気持ちいいものだから、宗教や法律が躍起になって規制しようとするのである。

実際、アフリカの部族社会でも、王がおいしい食物を独占するために、王以外は食べてはならないというタブーを作ってしまったという事例がある。

日本にも「秋ナスビを嫁に食わすな」「秋サバを嫁に食わすな」などの言葉があるのをご存じだろう。これは、嫁においしい物を食べさせたくない姑(しゅうとめ)の意地悪から来ている、とも言われている。

ヒンドゥー教がウシを、イスラム教がブタを食べるのを禁じるのも、どちらも実際に食べると大変においしいので、信者を快楽に溺れさせないためにタブーにしているに違いない。

つまり、奇食は美食であり、僕らは日頃から変なものばかり選んで食べていれば、必然的に美食家になれるのである。

凡庸な人間は、ありふれた美味しそうなものを食べたがる。

真の美食家は、出来る限り異様で変なものを好んで食べる。

それこそが、グルメへと至る唯一の道だからだ。

第2章

伝統の奇食

猛毒を食べる文化

フグの卵巣の糠漬け（石川県）

稀有な食文化

「フグは食いたし命は惜しし」とよく言われるように、フグは猛毒をはらむ危険な奴だ。「当たると死ぬ」ということで、関西では「鉄砲」と隠語で呼ばれている。

フグの毒「テトロドトキシン」は、青酸カリの千倍もの毒性を持つ。卵巣わずか一グラムで、マウスが千匹も昇天してしまう凶悪さだ。さらにこの毒は高温で調理しても壊れず、煮ても焼いても食えない。またテトロドトキシンの解毒剤はいまだに存在せず、一度こいつにやられて手足がしびれはじめたら、根本的な治療法がどこにもない。手のつけようのない毒素なのだ。だいたい、こんな魚をわざわざ食うことからして、訳のわからない文化じゃないか。

なかでも、最凶最悪もっとも毒素が強いのが「卵巣」である。こんな部分ははじめから食えないので、さっさと捨てて別の人生を歩めばいいのだが、この卵巣をわざわざ糠に漬けて食べる料理が存在する。「フグの子糠漬け」といい、石川県の一部でしか製造・販売が許可されていないレアな一品だ。

こんなものを食べて、本当に大丈夫なのか。当たらないのか。お前はほかに何かやることないんか……などと考えたが、人は危険なものに惹かれるものだ。また、食べなくてもいい訳のわからないものを食べることこそ真の、人間の「文化」なのだ。ちょっとビビりながらも、取り寄せてみた。

この糠漬けの作り方は、以下の通りだ。

まず、ゴマフグやサバフグの卵巣を塩で一年から二年ほど漬けこむ。これをさらに糠に漬け、魚の塩蔵汁を加え、二年ほど発酵させる（水産研究・教育機構のウェブサイトの「ふぐ肉・卵巣糠漬け」http://nrifs.fra.affrc.go.jp/kakou/souran/ransounukaduke/index.html より）。

こうすると、テトロドトキシンはあらかた消え失せてしまうという。

もっとも、調べてみると、次のようなことがわかった。かつて輪島の朝市でフグの糠漬けを買った者が、当たってしまったという。モグリの業者が適当に作ったものが当たってしまったものらしい。しっかりテトロドトキシン中毒になって重態に陥っているのだ。あくまで「毒素が非常に少なくなっている」のであって、「完全に毒がなくなった」とは限らないのだ。

さらに、フグの卵巣の糠漬けを造っている油与商店のウェブサイトには「なぜ毒が抜けるのかということになると、謎は残ったままなのであり、今のところよく分かっていない」などと書かれているのだ。もっとも「卵巣を塩漬けし、脂質が分離し水分とともに外部に析出し、このときに毒素が希釈される」とも書かれているが。

さすがにちょっと不安になってきたが、迷っているうちに「フグの卵巣の糠漬け」が家に到着してしまったので、とりあえず試してみることにする。

演歌のような濃厚な味

まず、見た目に驚いた。青紫の毒々しい色で、見るからに毒をはらんでいるような、ただならぬ気配を感じるのだ。

さらに、臭いもすばらしい。青かびチーズそっくりの強烈な臭いで、なんとなく淫靡（いんび）で猥褻（わいせつ）な感じすらする。

ちょっと戦（おのの）きながらも、口の中に入れてみる。

非常に塩辛く、なぜか舌がピリピリする。

さらに食べていくと、極めて濃厚な、異様なまでに複雑な味が広がった。

それはまるで演歌のような、人生の喜びも悲しみも怒りもすべて呑み込んだような味。この世界、この宇宙そのもののような、混沌とした重々しい味だ。

これほど複雑で濃厚な味をいまだかつて知らない。

そういえば、「フグは毒が残って少し舌が痺れるくらいがうまい」と主張する通人もいる。フグを食べると体が温まり、なんとなくすがすがしい気分になるのは、わずかに残ったテトロドトキシンの作用だとも言われているのだ。

つまり、人間は毒があるからこそフグを食べるのだ。毒のないフグなんて、エビの入ってないエビフライのようなものだろう。

まあ、この「糠漬け」は製造後に毒性チェックを受けて、ある一定の毒性まで下がったものを出荷している（無毒とは限らない）。

結局、僕はこの「糠漬け」をけっこう食べたにもかかわらず、手足が痺れるようなことはなかった。それが、なぜかちょっと残念な気はしたのだけれど。

青かびチーズとそっくりの臭い

これぞ純和風ステーキ

漬物ステーキ（岐阜県飛騨地方）

山国の冬の知恵

「ステーキ」といえば、厚切りの肉を豪快に焼いたもので、ひと昔前は高級料理の代名詞だった。

だがここに、「漬物ステーキ」という、気の抜けそうな料理がある。飛騨高山の郷土料理だ。文字通り、漬物を鉄板の上で焼いて食べるのだ。

なんでこんな食べ物が存在するかというと、それなりに深いわけがある。

もともと、飛騨地方は、槍ヶ岳や穂高岳などの峻厳な山々に囲まれた、「陸の孤島」と呼ばれたところだった。

冬には一メートルを優に超える雪が降り積もり、世界は死に絶える。だから、秋に収穫した野菜を漬物にする文化が発達した。今でも、高山市の陣屋前朝市では、カブ、キュウリ、ナス、ミョウガなど、色とりどりの漬物がしきりに売られている。

ここまでは、日本中どこにでもある漬物文化と同じである。高山に「漬物ステーキ」が誕生した本当の理由は、ここからだ。

現地の冬は寒く、零下十度を下回ることも度々だ。だが各家庭では、漬物が傷むことを避けるため、漬物桶は屋外に置いてある。だから、冬には漬物がカチカチに凍ってしまうのだ。

こんな冷たいものを食べると体も凍ってしまうので、凍った漬物を朴葉（ほおば）に載せ、囲炉裏で焼いて食べることを思いついた。これが、漬物ステーキの始まりだ。

もう一つ、長い冬を越している間に、漬物が発酵を通り越して腐敗してしまうという理由もある。

だが捨ててしまうのももったいないので、焼いて菌を殺して食べたのだ。このあたり、会津若松のまんじゅうの天ぷらや岩手県のビスケットの天ぷらによく似ている。いずれにせよ、厳しい生活環境下で、否応なしに生まれた料理と

木枯らしのようなわびしい味

言えるだろう。

漬物の煮込みもどうぞ

漬物ステーキは各家庭でも普通に食べられているが、高山市内の多くの居酒屋でも提供されている。一皿五百円ほどだ。

お店のおばさんにつくり方を聞くと、割合簡単らしい。

使うのは、白菜の漬物。それも、浅漬けではなく、漬かり過ぎて酸っぱくなったくらいのほうがいいという。前述の、「古くなった漬物を再利用した」という事情を思い出していただきたい。

フライパンにバターかサラダ油を入れて熱し、そこに一口大に切った漬物を投入し、炒める。通は、焦げ目のついた「ウェルダン」あたりの焼き方を好むという。

そこに溶き卵を流し込み、半熟になったら火を止め、上から鰹節を振りかけて出来上がりだ。

見かけは、親子丼の具の部分にそっくりだ。

口の中に入れると、ジュワーッと「漬物」の旨みが広がってくる。それは、下手な牛肉の旨みよりも強いかもしれない。

しかし牛の肉汁に付きものの、猛々しさや野性味がない。飛騨の山間に吹く木枯らしのような、素朴でわびしい味である。肉のステーキを想像して食べると腰砕けになりそうだが、これはこれでうまい。

なお高山には、「煮たくもじ」という、くもじ（漬物）を油で炒めて煮込んだ料理もある。

当初は、卵も何もなしに朴葉で焼くだけだったこの漬物ステーキ、今では独自の進化を遂げ、「カレー味」「キムチ味」なるものも出現している。

さらに、現地のレストランでは、ドミグラスソースをかけた漬物ステーキの新顔も出現し、現地の人々は赤ワインを飲みながら、ナイフとフォークでお洒落に漬物を切り分けている。

とにかく、漬物料理がひたすら発展している場所なのである。

大食通・魯山人も絶賛

サンショウウオ（福島県檜枝岐村）

山人料理の代表格

檜枝岐(ひのえまた)村は、尾瀬に隣接する山村だ。この地の土産物屋で奇妙な物体に遭遇したことがある。

全身真っ黒。まるでトカゲかイモリのような代物なのだ。長さは十センチほど。「これなんですか？」とおばさんに聞くと、「サンショウウオですよ」という答えが返って来た。

そんなものが本当に食べられるのか。サンショウウオといえば、この国では特別天然記念物のはずだ。食べることはおろか、うかつに触れることすら許されないんじゃなかったか。

不審に思ってよく聞いてみると、この黒こげは、ハコネサンショウウオの燻製(くんせい)だった。特別天然記念物は、もっと大きなオオサンショウウオという奴らしい。

おばさんはサンショウウオを包みながら、こう言う。

「お腹が膨らんでるのがメスで、引っこんでいるのがオスね。オスとメスを一緒に食べなきゃだめよ」

「なぜ？」

と聞くと、おばさんは「ふふふ……」と含み笑いをし、答えてくれなかった。訳がわからなくなりながら、燻製を民宿に持ち帰り、オヤジに「火で炙ってくれます？」と頼んでみた。その時、オヤジもなぜか不思議な含み笑いをしているような気がしたのだが……。

消し炭と同じ味。だが効く

焼きあがったものを食してみる。味はほとんど消し炭と同じで、ただひたすら「苦い」としか言えない。まるで苦い薬をボリボリかじる感じで、とても日常的に楽しく食べるようなものとは思えない。

しかし食べているうちに、奇妙な感覚に襲われ始めた。何かが体の内部から突き上げ、沸き起こるような感じだ。

これはいったいなんなんだ……。

僕の体を襲った「事件」は後述するとして、檜枝岐村についてちょっと述べてみよう。

もともとこの辺りは、帝釈山(たいしゃくさん)(二千六十メートル)や会津駒ヶ岳(二千百三十三メートル)など高い山々に囲まれ、農業に適していない。だから、この村では信州の伊那谷のように、ありとあらゆるものを山野から採集して食べる文化が育っていた。ここの料理は山人(やもーど)料理と呼ばれ、ウサギ汁、クマ飯など、なかなか食欲をそそるメニューがそろっている。

サンショウウオは山人料理の一種で、素焼き、天ぷら、そして燻製などにして食べられている。

明治の初め、「みの吉」という男が、サンショウウオを獲る方法を村人に教え、どこへともなく去って行ったという。竹で編んだ「ズ」を清流にしかけ、初夏の夜、卵を産むために遡上するサンショウウオを、一網打尽に捕獲するのだ。

もっとも、現在では村でサンショウウオを漁している人は極めて少なく、プラスチックの仕掛けで捕獲している。

戦前は、一つのズに一晩で十四、ひと夏で十万匹は獲れたという。だが現在では乱獲を防ぐため、一年獲ると二年間の休漁期がもうけられている。

媚薬なのか?

サンショウウオを食べたという記録は極めて少ないが、まったくないわけではない。たとえば、食通として名高い北大路魯山人は、関東大震災前の体験として、サンショウウオ料理のことを記している（『魯山人の料理王国』文化出版局）。この中で魯山人は、サンショウウオを「文字通りの珍味」「めったに人の口に入らない」と表現している。すでにこの頃には稀有な幻の食材だったことがわかる。

魯山人が食したものは、体長二尺（六十センチほど）もあったという。ハコネサンショウウオなら、十センチほど。二尺もあると言うなら、これはきっと「オオサンショウウオ」に違いない。

オオサンショウウオは世界最大の現生両生類である。現在は本州の岐阜県以西と四国、九州に生息している。全身がヌメヌメしていて、ほとんど目が見えない。特別天然記念物に指定されたのは一九五二年のことだ。

魯山人の知人の伝によると、料理はサンショウウオの頭をすりこぎでいきなり殴りつけることから始まる。サンショウウオは「キュー」と断末魔の叫びをあげるという。動かなくなったことを確認し腹を裂く。すると、あたり一面にプンと芳香が広がる。これは山椒の匂いそのものだという。サンショウウオという名前はここから来ているのだろう。つまり、この動物を「サンショウウオ」と呼んでいた私たちの祖先は、この動物を密かに食べていたと見ていい。

魯山人はぶつ切りにし、鍋にして賞味してみた。味を「すっぽんと河豚の合の子」と表現し、「非常に美味」だと激賞している。

「でも、私が山椒魚を珍味というのは、単に珍しいという点ばかりではない。いくら珍しくとも、うまくなければ珍味とは言えない。世の中には珍しがられていても、うまくないいしろものがいくらもある。ところが、山椒魚は珍しくてうまい。それ故にこそ、名実共に珍味に値すると言えよう」（前掲書）

ただ、サンショウウオはすでに寛永二十年（一六四三）に出た『料理物語』という本にも、きっちり食材として名前が出ている。食べる人は食べていたのだろう。『魯山人の料理王国』にも、山口県では、「土地の人はたまさか山椒魚を山道で見付けると、その場で焼いて食う」という素晴らしい話が披露されている。サンショウウオを食べる人々は、あちこちにいたに違いない。

さて、僕の体に起きたある変化だが――。

これはひょっとして、「媚薬」じゃないのか――。そう思った。肉感的な疼きの感覚だったのだ。

残念ながらその時は一人旅で、辺りに若く美しい女性は一人もいなかった。「効果」を試す相手がどこにもいなかったのが残念だったが。

そう、これは「イモリの黒焼き」と同じじゃないか。

イモリの黒焼きは、我が国で古くから愛用されていた媚薬である。といっても、黒焼きをそのまま食べるのではない。粉にして、目的の相手に振りかけるのである。それだけで、相手は官能の炎に焼かれ、身も心もメロメロになってしまうという。浄瑠璃の『朝顔日記（生写朝顔話（しょううつしあさがおばなし））』などにも、これをモチーフにした話が出てくる。

イモリもセックスが大好きな生命力の強い動物とされ、こいつらが交尾しているところを捕まえて丸焼きにするといいとされていた。

そして、サンショウウオは「はんざき」（半裂き）と呼ばれていた。これは、サンショウウオを縦二つに裂いて川に放り込んでも、そのまま半分が再生してしまうという伝説に基づく。再生するトカゲのしっぽのようなものだろう。つまり、サンショウウオはそれほど生命力の強い動物だと考えられていたのだ。

よく考えると、サンショウウオとイモリは同じ両生類で、姿形がとてもよく似ている。昔の檜枝岐村の人々は、この二つの動物を同一視して、媚薬や精力剤として愛用したのではないか。

いずれにせよ、この一見グロテスクな精力剤、バイアグラやシアリスに飽きた男たちは、試してみるのもいいかもしれない。

「糞の味」の魔力

おたぐり（長野県伊那地方）

調味料の一種か

信州は、奇食好きにとっては夢のような場所である。ここは、ザザムシ、ハチの子、トンボなどの昆虫食、ウサギ、クマ、シカなど、野山を駆け回る鳥獣が楽しく食材とされていた所だ。山間の地域であり、動物性たんぱく質がいつも不足していたため、自然にそこらを転がるものをなんでも口にするようになったのだろう。

伊那地方に、「おたぐり」という食べ物がある。名前を聞いただけでは、何なのかさっぱりわからないだろう。

何やらグニャグニャゴニョゴニョした、茶色いモノ。飯田や駒ヶ根の居酒屋に入ると、普通に出てくる。

聞けば、ウマの腸を煮込んだものだという。

恐る恐る口に運んでみた。食感はとても柔らかく、喉をツルツルと通っていく。しかし、そのうち、口の中にある独特の香りが広がるのだ。いったいこれは……。これは、はっきり言って「馬糞」の臭いではないのか。

どこか独特の香りがする

確かに腸の料理なのだから、微かに「糞」の臭いがしても不思議ではない。むしろ、しない方がおかしいのかもしれない。聞くところによると、真のおたぐり通はむしろこの糞の臭いを愛し、よく洗っていない「おたぐり」を好むという。あんまり近寄りたくない世界である。

といっても、「糞」の料理は世界中にある。たとえば、東アフリカのハツァッピ族の煮込み料理。鍋の中に、動物の肉や内臓のみならず、糞も「調味料」として入れるのだ。その臭みと味わいが、ハツァッピ族の食通の間で、大人気らしい。

また、「マタギ」(奥羽山地の猟師)も、ウサギの肉や内臓を糞と一緒に煮込むヨドミ(内臓)料理を作っていた。ウサギの食べた新芽の匂いが糞に残っているので、「香り高い」ものになるという。

そもそも人類は太古から、糞を食用として利用していたと言われる。塩の精製法を知らなかった時代には、動物の糞の中に残る塩分は、貴重なミネラルとなっていたのだ。

こう考えると、「糞を食べる」ということは、決して異常でも野蛮でもなく、極めて人間的で自然なことなのかもしれない。

そう思って自分を慰め、ふたたび「おたぐり」にトライしてみると、確かに臭うことは臭う。だが、いつしかその臭いに淫(いん)され、夢中になって食べていることに気づく。ちょうど、深遠に発酵したブルーチーズやなれずしの臭いに初めはたじろぎながらも、いつしかのめり込み、魅了されてしまうようなものだ。

長い腸をたぐりよせ

日本人は、おそらく最も動物の内臓を食べない民族のひとつではないだろうか。

確かに、ひと昔前よりはモツ煮込みなどは市民権を得てきた。しかし、まだまだ内臓料理は下賤というイメージはある。モツが食卓で大きな位置を占める韓国料理やフランス料理とは、大きな違いだ。

これは、日本人には長い間肉食のタブーがあり、解禁されてから、まだ歴史が浅いからだろう。

だが、たとえばライオンやヒョウは、動物を仕留めたとき、まず内臓から喰らうという。肉には見向きもせず、だ。

実際、内臓は肉よりも、ナトリウム、鉄分、ビタミン類がはるかに多い。肉食獣は、肉よりも内臓のほうがうまくて滋養に富むことを知っているに違いない。

また、肉ばかりだと飽きてしまうので、時々内臓をつまむのは、人間界においても極めて合理的な食行動と言える。

おたぐりの誕生は、明治時代後期のことで、実を言うとそんなに古い物ではない。当時、肉体労働者のために、飯田の肉屋が安価なウマの内臓を煮込んで出したのが始まりだ。その頃は、馬肉といえども高価だったからである。

これが大人気を呼び、伊那地方に広まっていった。当初は「ウマの煮付け」と呼ばれていたが、これは同じく信州名物の「コイの煮付け」と混同されるため、いつしか「おたぐり」と呼ばれるようになった。

「おたぐり」とは「たぐりよせる」という言葉から来ている。ウマは草食動物であるから腸が長く、体長の十倍の約三十メートルもある。その長い腸を手繰り寄せるから、「おたぐり」と言うのだ。

作り方は、こうだ。ウマの腸を取り出し、塩水で何度も洗う。つぎに鍋で四～五時間煮込む。味噌、醤油などを加え、さらに長時間煮込む。好みでニンニク、長ネギ、トウガラシなどを加えたら出来上がりだ。もっとも前述のように、「おたぐりは臭いほうがうまい！」と主張する好き者もいるので、ニンニクなどは省略することが多い。ちなみに、ウシやブタに比べ、ウマの内臓料理は、北海道の「なんこ鍋」などごく少数。馬肉自体があまり食べられていないので、当然だろう。

南信州は「おたぐり」だけではなく、馬刺しや馬肉の燻製である「さくら節」など、馬料理が好んで食べられているところだ。それは、古来からこの地方が、ウマと近しい間柄にあったことによる。

ここには奈良時代から、朝廷にウマを献上する「御牧（みまき）」が置かれていた。また江戸時代に、伊那地方には「中馬（ちゅうま）」という、ウマで物産を運ぶシステムが張り巡らされていた。そこで哀れにも役目を終えた廃馬たちが、信州人の食卓に上ったと考えられる。

だが単に「ウマが近くにいる」というだけで、日本でも珍しいウマの内臓料理が誕生するとは思えない。やはりこれは、トンボやザザムシを喜んで食べていた、信州人のパイオニア精神の発露なのだろう。

馬糞の臭いも、その素晴らしい精神の表れにすぎない。

イルカ（静岡県伊豆地方）

かわいい動物を食べていいのか？

赤く血に染まる海

伊豆半島を旅していて楽しいのが、スーパーに「イルカの切り身」や「イルカの干物」なんかが当たり前に売られていることだ。

海辺でドルフィン・ウォッチングを楽しんだり、水族館でイルカの賢い演技を見て感激している人々は、この光景に卒倒するかもしれない。「あんなかわいい動物をなんで食べるの!?」と……。

しかし、もともとイルカはクジラと同じ種類の動物である。

正確には、体長四メートル以下のクジラをイルカと呼ぶにすぎない。「クジラは食べてよいが、賢いイルカはだめ」という理屈は、あまり筋が通っていない。

日本人は太古からイルカを食料としてきた。その証拠に、各地に残る縄文時代の遺跡からは、この動物の骨が数多く発掘されているのである。

酒肴にも向くイルカのたれ

そして現代でも、紀州の熊野、千葉県安房、伊豆に近い山梨県富士川流域、岩手県三陸沿岸部などで盛んに食されている。

また、すべての外国人がイルカ食をタブーだと思っているわけではない。アルゼンチン、チリ、イタリア、ペルー、ドミニカなどでもイルカを日常食としている人々がいる。今では捕鯨に厳しい態度をとるイギリスでも、十七世紀頃までは、イングランドの宮廷料理としてイルカ肉が出るほどだった。

伊豆ではイルカを「追い込み漁」で捕獲する。漁師はイルカの群れを見つけると、「カンカン」という道具を叩いて湾内に追い込んでいく。イルカは岸に近づいたところで捕獲され、止めを刺される。この時、獲物の血潮が流れ出し、海を赤く染めることもある。この光景は残虐だということで、しばしば西洋諸国から非難を受けている。

イルカの保存食が「たれ」だ。肉を醤油、砂糖、みりんのたれにつけて干したもの。

伊豆半島、静岡市清水をはじめ、南房総でも魚屋に行くと、平然と売られている。見た目は真っ黒で、なかなか不気味な感じだ。

非常に固い干物だ。ガムのように噛み続けると、強烈な野獣臭が口の中に広がる。その臭いは、どこかトドの肉にも似ている。ビーフジャーキーならぬドルフィンジャーキーといったところだろう。

現地での最もポピュラーな調理法は、味噌煮である。イルカ肉を先にいれ、脂が滲むころにゴボウ、ニンジンなどを入れ、味噌で煮込むわけだ。味噌とゴボウは、野性的な臭いを消すために用いられるのだろう。日本酒を加えたり、大根と煮込む家庭もある。

都会の魚屋でクジラの切り身を見かけることがあるが、実はイルカということがよくある。僕らは知らず知らずのうちに、愛らしいイルカを楽しく食べていた可能性があるのだ。

三十年熟成の妙味

なれずし（和歌山県新宮市）

にぎりずしの歴史は浅い

すしほど日本的な食べ物はないと思われがちだが、実はこの料理はわが国固有のものではない。

もともとは、東南アジア、中国南部の山岳民族が、魚や肉を漬け込んで保存するための料理だった。納豆、餅、麴（こうじ）をつかった味噌、醬油、酒とおなじく照葉樹林帯文化の一つといっていい。稲作と共に日本列島にもたらされたのである。

さらに多くの現代人は「すし」と聞けば、飯の上に生魚を載せた、生きのいい「にぎりずし」を思い浮かべるだろう。

しかし、江戸前のにぎりずしは、文政年間（一八二〇年頃）に華屋与兵衛が考案したとされているから、誕生してからまだ二百年しか経っていないのだ。当初は屋台で立ったまま食う、とても下賤なファストフードだった。今でいう「ご当地B級グルメ」という感じだろう。

しかも、当時のにぎりずしは、生の魚など決して使わず、ネタにはすべて焼いたり煮たりの「仕事」が施されていた。冷蔵設備など何もなかったから、当然だ。生の魚を握るすしが全国的に普及したのは、実はこの数十年のことにすぎない。私たちが伝統とか文化とか考えるものが、いかにいい加減なものなのかがわかる。

それでは、古代に日本にもたらされ、私たちの祖先が口にしていたすしとは、どんなものだったのだろうか。

それは、いわゆる「なれずし」なのだ。

滋賀県のフナずしや秋田のハタハタずしなどに代表される、魚を飯とともに桶に漬け、発酵させた食べ物だ。場所によっては「くされずし」と凄まじい名前でいう。文字通り、腐ったような強烈な臭いで、賛否の分かれるものだ。なれずしは八世紀の『養老律令』にも「鮓」という文字で現れる。当時は朝廷に税として献上されるほどの貴重なものだったことがわかっている。

なれずしには、数カ月から数年漬け込んだ「本なれ」と、早い場合は数日くらい漬けて食べてしまう「生なれ」がある。生なれは漬け方が浅いため、ご飯も一緒に食べられるが、本なれはすでに飯もドロドロに発酵して原形をとどめないため、飯を取り除いて魚だけを食べる。

原形をとどめず液状化している（新宮市・東宝茶屋）

なぜか胃が熱くなる

和歌山県の熊野地方で作られているなれずしは、本来はサンマと飯を一カ月ほど発酵させた「生なれ」である。しかし、新宮市にある料理屋「東宝茶屋」では、なんと三十年も漬け込んだモノが名物だ。

これだけ長く発酵させると、すでに魚も飯も原形を失い、液状化している。匂いは、ヨーグルトにイカの塩辛を混ぜたような感じだ。

味も、酢の入った塩味の強いヨーグルトという感じで、食べた後に口の中に魚の生臭さが残る。そして不思議なことに、そのうち胃が熱くなってくるのだ。

これは、なれずしに含まれる乳酸菌や酪酸菌のせいだろう。古来、この食品には整腸作用があることが知られていて、胃腸の調子が悪いときに食べて治すという民間療法も存在した。もはや、単なる食べ物という領域を超えた物なのかもしれない。

獣肉界の勇者

ツキノワグマ（東京都）

舌の上で生死のドラマ

店先に、イノシシが逆さづりにされていた。時は十一月、街に木枯らしが吹き始めていた。急に「寒くなったからクマを食べに行こう」という気になったのだ。日本では、クマの狩猟が許可されるのは、だいたい十一月頃から二月頃までだ。新鮮なうまいクマ肉を食べたければ、この時期しかないのである。

訪れたのは東京の両国にある料理屋だった。ここはなかなか変わった店で、イノシシからシカ、クマ、タヌキなど、他であまりお目にかかれない動物の肉を出すことで知られている。

この手の店は、江戸時代は「ももんじ屋」と言われていた。「ももんじ」とは「百（もも）獣（じゅう）」が転訛（てんか）したものとされる。文字通りイノシシやクマ、タヌキ、イヌ、キツネなど

実物のイノシシが看板がわり

の百獣の動物を料理して食わせていたお店だった。

「江戸時代には肉食が禁じられていたはず。なんでそんな店があるんだ」とお思いかもしれないが、表向きはこれらの店は「薬屋」で、野獣の肉を「薬」と称して販売していたのだ。いわゆる「薬食い」というやつだ。

大っぴらに肉を食べるのは気が引けるので、イノシシを山くじら（肉の色がクジラに似ているから）、シカを紅葉（花札の絵柄から）という隠語で呼んで客に供していた。このあたり、誰が見ても軍隊なのに、「自衛隊」と呼んで誤魔化している現代日本人とよく似ている。

落ち着いた座敷に通され、「熊鍋」と「熊のソテー」を頼んでみた。

しばらくすると仲居さんが、大きな皿を持って現れた。その上には、分厚い脂肪の赤黒い肉が二十片ほど並べられている。聞いてみると、丹波の篠山で獲れた、冬眠前のツキノワグマだという。

「冬眠前が一番おいしいのよ。眠る前に木の実や果物を食べて、たっぷり脂肪がのっているからね……」

仲居さんの講釈を聞きながら、肉を味噌ダレを満たした鍋の中に入れて、十分ほど煮込み、口に入れてみた。

丹波篠山はクマも名産

とても強く硬い肉である。咀嚼（そしゃく）するのに、相当な顎の力と気力がいる。

そしてそのうち、口の中に男性的な野性の臭いが立ち上がり、鼻腔を攻め立ててくるのだ。とても自己主張の強い肉で、「俺は獣だ。俺は今まで生きていたんだ……」と口の中で叫ばれている気がした。一匹の勇猛なクマの姿が、舌の上で立ち上がる思いだった。本書で取り上げた中でも、最も強烈で癖の強い食材だろう。

このクマは、ある日、山の中でたまたま猟師と出会い、そして撃たれ、倒れたのである。クマに限らず、野生の動物を食べるということは、一匹の獣の生と死と向き合い、対峙する儀式だといえるだろう。

脳みそや雄性器も

さて、クマの料理といえば、しばしばテレビでお目にかかるものがある。掌(てのひら)を煮込んだ「熊掌料理」だ。ゼラチン質の塊であり、美容と健康にいいとされる。かの満漢全席にも現れ、中国の八珍料理の一つに数えられる、中華の最高級料理である。

そしてよく言われるのが、「クマの掌は左より右の方がうまい」ということだ。

理由は、クマは蜂蜜が大好きで、右手で蜜を舐めるので、右の掌に甘みが染み込み、極上の味がするというのだ。逆に、左手は大便を拭くために使用するために、とても臭くてまずいという。

この説の問題は、「もし左ききのクマがいたらどうするのか」という点だ。そんなクマがいたのなら、熊掌を出す高級中国料理店は、きっと阿鼻叫喚の地獄になっているに違いない。

青森のマタギの宿でクマ料理を食してきた椎名誠氏の『全日本食えば食える図鑑』を読むと、幸いにもこの俗説が嘘であることがわかる。クマの掌は右も左も同じで、たいして美味しいものではないという。

掌がとても高価なのは、これが切断されてしまうと、毛皮が欠陥品となって売れなくなってしまうからだという。どうやらこの料理は、うまいから高価なのではなくて、「珍しいから高価」なようだ。この手のものは、他にもありそうである。

掌に負けないほど貴重で高価なのがクマの胆（胆嚢）で、昔は「胆一匁、金一匁」と言われたほどだ。金と同じ価値があったのである。クマ一頭につきごく少量しか取れない希少なもので、強壮剤や解熱剤として珍重されていた。

だが、こんな珍しい部位にこだわらなくても、クマは隅から隅まで食える。

日本でもっとも野獣の肉を食してきたマタギは、クマを仕留めると、肉や頭、内臓などをぶった切りにして鍋に放り込み、塩や味噌で煮込んで料理した。

脳みそは生で食うのがうまいという。タラの白子のような味わいがあり、片頭痛に効くとされている。

マタギはクマの血もよく飲んでいた。精が付き、体温が二度も上がるという。サラリーマンがユンケルでも飲むような感覚なのだろう。

雄性器（タキリ）や睾丸も焼いて食べた。タキリを焼酎に漬け込んで飲む習慣もあった。マムシ酒以上の強壮作用があるという。

また、マタギたちはクマの雄性器の中にある骨を抜き出し、持ち歩くのを常にしていた。大きい骨ほど自慢だったという。この骨は、「耳かき」にも使える便利なものらしい。

雄性器の骨は、クマへの感謝はもちろん「俺がクマを仕留めたんだ！」という証拠と勲章になるからだろう。

そしてこんな話を聞くと、鍋屋でクマの肉に接したときに嗅いだ、あの男くさい臭いが蘇ってくる。

雪国の郷愁

メダカの佃煮（新潟県）

日本人しか食べない魚

メダカほど、かつて日本のどこにでもいて、われわれの心象風景に刻み込まれた魚もないだろう。

メダカの方言は、「オキンタ」「カネタタキ」「ソトメ」「タカバミ」「ノザノ」など、五千以上あるという。これほど多様な名前で呼ばれた魚もない。

これは、この国ではメダカを売買する習慣がなかったからとされている。メダカが商品としてあちこちで流通していたら、必ず統一した呼称が生まれていたはずだ。つまり、メダカは食用や売買の対象となる上等な魚ではなく、多くの地域で「雑魚」扱いとされていたのだ。方言を見ると、虫との区別がはっきりしていない地域もある。

また、この魚は日本だけではなく、中国、インド、インドネシアなどアジア全土の稲作地帯に生息している。メダカと水田は、切っても切れない関係にあるといっていい。

しかし、メダカを食べるのは、日本人だけである。これは自慢していいことかどうかはわからないが……。

もちろん、日本人すべてがメダカを愛食していたわけではない。江戸時代の『和漢三才図会』という本には、「人はこの魚を食べない」とまで書かれている。

食べられていたのは、山梨県、長野県の一部などだ。そして、今もメダカを佃煮にして食している地域はほとんどない。その少ない地域が、かつての村松藩、新潟県五泉市のあたりだ。

この地方では、メダカのことを「うるめ」と呼ぶ。これは、目が大きくてウルウルしているからだとされている。

豪雪に見舞われるこの地域では、必然的に冬にたんぱく質が不足した。そこで、目を付けられたのがメダカである。

コメの収穫が終わり、雪が降る直前の十一月になると、田んぼで泳ぐメダカを掬い取るのだ。これを味噌汁に入れたり、佃煮にして保存したりする。

なぜ十一月に捕まえるかというと、ちゃんと理由がある。暖かい季節のメダカは、ウンカを餌とするため、味が無茶苦茶苦くなってしまうのだ。いくらたんぱく質に困っているからと言って、あまりに苦い食いものは願い下げなので、比較的マイルドな十一月に獲るわけだ。

しかし食料の溢れる現代では、もはや細々とせこくメダカを捕まえて食べる必要はなくなってしまった。

だが、今でも新潟県阿賀町の「うるめっこ組合」では、「メダカの佃煮」を堂々と作り続けている。もっとも、かつて日本中にいたキタノメダカやミナミメダカを料理しているのではなく、養殖したヒメダカだ。キタノメダカやミナミメダカは、用水路のコンクリート化や農薬の散布により激減し、今では「絶滅危惧Ⅱ類」に指定されてしまっている。

日本人の味覚は激変した

さっそく取り寄せて試してみた。佃煮は手のひらに乗るほどの小さな瓶入りだった。これは、とてつもなく塩辛い佃煮だ。そして、奇妙にも「ほろ苦い」のである。苦いのは、メダカはほかの魚に比べて胆嚢が大きいかららしい。もし夏のウンカをいっぱい食べたメダカだったら、どんな味がしただろうか。

確かに塩辛いが、昔はもっと塩辛かったという。これは長い冬の間に保存するためだろう。しかし、これでも現代人の舌に合わせ、みりん等を入れてまろやかな味にしているという。現地では、このメダカの佃煮十匹をつまみながら、酒を一合飲むのが

10匹で酒1合を飲むのが通

「通」とされていると聞く。

各地に残る伝統食を試してみると、多くは口がひん曲がるほど塩辛い。現在のお店で出されている料理など比べ物にならない。昔の日本人にとって、冷蔵庫などない時代に、塩が食料の保存にそれだけ不可欠だったからだ。私たちの味覚は、ここ数十年で急激に変わったと見ていい。

メダカは食べるばかりではない。一部の地方では薬とされていた。また、丸呑みにすると泳ぎがうまくなるとか、視力が向上するとか、乳の出が良くなる、しもやけに効くなどとも言われていた。

これは前述のように、メダカは胆嚢が大きくて苦いからだろう。クマの胆嚢やフキノトウやセンブリなど、昔から苦いものは「良薬口に苦し」と言われて薬と見なされていたものだ。

ちなみに、苦いものを好むのは、人間の大人だけである。動物は、苦い草を決して食べない。

これは、自然界においては、苦いものはたいていは「毒」だからだ。動物は本能的にそれを知っていて拒否するのである。

人間の子供にしても、ピーマンやゴーヤなどの苦い食べ物を嫌う子は多い。まだ動物的な本能が残っているからだろう。コーヒーやビール、メダカなどの苦い物を「うまい」と感じるのは、それなりの知識と鍛練が必要なのである。

仕込み方に秘密あり
酒ずし（鹿児島県）

宴が終わった後に……

すしというものは、たいていは飯を酢で仕込むものだが、ここに「酒」で発酵させ、食べると酔っぱらってしまうという珍しいすしがある。それが、薩摩名物の酒ずしだ。起源は、島津家の酒宴にある。

みんなで楽しく飲み食いをし、残った食べ物に酒をかけて放っておいたら、次の朝には、何やらいいにおいがする。

ためしに食べてみると、これがなかなかいける。これが酒ずしの原型とされている。といっても、現地においてもそれほど食べられている料理ではない。実際、知人友人の鹿児島県人に酒ずしのことを聞いてみたが、多くの人が存在すら知らなかった。『すしの本』（篠田統著、岩波書店）を読むと、著者が一九六五年ころに著書に載せるため鹿児島で酒ずしの写真を入手しようと試みるが、現地にそれを知る人がまったくおらず、調達に四苦八苦する様子が描かれている。

これは、酒ずしが大変なぜいたく品だったからだろう。

たとえば、よく「日本の主食は米だ」と言われるが、これは嘘である。長い間、日本の農民は米を作ってもほとんどすべて年貢として取り上げられてしまうので、実際に米を食べることは滅多になかった。よく「五穀豊穣」というが、この場合の五穀とは「米・麦・粟・豆・稗（ひえ）（または黍（きび））」を指す。米は、五つの穀物の中の一つにすぎないのだ。

米が「主食」として日本全国に普及したのは、皮肉なことに戦時中の配給制度のおかげなのである。

米じたいが貴重だから、それから作る酒も当然稀少なものとならざるを得ない。貴重な米をさらに「発酵」という面倒臭い手順を踏んで造るわけだから、米よりもはるかに得がたいものになる。

この「米」と「酒」を両方使う酒ずしは、とてつもなく豪勢な料理なのである。

すしで酔っぱらう

ある夏、鹿児島市に出かけた僕は、市内で酒ずしを探してみたが、食べさせてくれるお店はほとんどない。仮にあっても、仕込みに手間がかかるので、数日前までに予約しておかねばならないところも多い。そんな状況の中で、何とか探し当てた一軒で

アルコールの匂いが鼻腔をくすぐる

注文してみた。

酒ずしは春の料理だ。だからタケノコ、フキ、サクラダイなどを入れることになっている。

まず、飯を炊いて地酒と塩を振りかける。地酒とは熊本の赤酒や出雲の地伝酒に似た、みりんのように甘く濃厚な酒だ。お屠蘇やさつま揚げなどにも使われる。ちなみに、薩摩は言わずと知れた芋焼酎の名産地で、日本酒はそれほど好まれない。それだけに、地酒で仕込む酒ずしは、薩摩においても奇食といえるだろう。

この飯にエビ、タイ、タケノコ、フキ、シイタケ、さつま揚げなどを敷き詰め、さらにその上に飯を敷いて積み重ねる。そして蓋の上に重しを載せ、寝かせるのだ。つまり「押しずし」の一種なのだ。

この作り方も、時代とともに変化しているようだ。『名飯部類』(一八〇二年)を読むと、当時の酒ずしは、アジの腹の中に酒で仕込んだ飯を詰め、その上に酒を振りかけたものだったことがわかる。今でいえば、北海道のイカ飯のようなものだろう。

最近では数時間かせいぜい数日間寝かせるだけだが、『すしの本』によると、その昔は七〜八日発酵させて食べたという。要するに、このすしは生なれずしの変型だったのだ。

蓋をあけると、いきなり濃厚な酒の匂いが鼻腔をかすめた。エビや卵、赤貝などの色彩が鮮やかで、いかにも春めいた料理だ。

お店のおばさんの話によると、薩摩の好き者は、この上にさらに地酒を振りかけ、お茶漬けのようにビチャビチャにして食べるという。僕もやってみた。

エビやタケノコの繊細な舌触りと、甘い地酒の豪快な味わいが入り乱れた、複雑な味がする。

そして、確かにアルコール度は高い。ウィスキーボンボンよりは強い。実を言うと、僕はとてもお酒に弱いので、このすしだけでへべれけになってしまった。

薩摩は有名な酒どころであり、アルコールに強い人が多い。しかし、男尊女卑の気風も強かったので、女性は大っぴらに飲むことはできなかった。

そこで、酒ずしに地酒をたっぷり振りかけて、酔っぱらったというのだ。すしにまで酩酊を追い求める、薩摩人の執念は凄まじい。

幻のヘビ飯を求めて

ヘビ（中国）

ヘビとドジョウの受難

夏目漱石の『吾輩は猫である』に、不思議な話が載っている。登場人物の迷亭が、越後の国で「蛇飯（へびめし）」を食べる話だ。

ある冬の日、迷亭が山道を歩いていたところ、道に迷い、偶然見かけた一軒の民家に泊めてもらった。

そこで食事を所望すると、家の人が鍋の中に米を入れ、そして数匹のヘビを放り込み、蓋をして火にかけた。奇妙なことに、その蓋には小さな穴が十個ほど空いているのだ。

煮立ってくると、そのうちその穴から、ヘビがひょいひょい頭を出してくる。鍋の中が熱いので、苦し紛れに脱出しようとしているのだ。

そこで家人がヘビの首をつかみ、えいと引っ張る。すると、しゅっと首と骨だけが抜け、中に肉が残る。それを飯とかき混ぜて食ったという。これが生涯忘れられない味だというのだ。

もっとも、こんなことは実際にはあり得ない。頭を引っ張っても、骨の構造上、そんなにスムースに抜けないはずだからだ。

これと似たような話は、ほかにもある。「ドジョウ豆腐」だ。

男たちが数人で、ドジョウを食べようと集まってきた。鍋に生きたドジョウと豆腐を入れ、蓋をして火にかける。

そろそろ煮上がったので、さあ食べようと蓋を開けようとすると、一人の男が突然こう言い始める。

「すまん、ちょっと用事を思い出した。今日はこれで失礼するよ」

こう言い残し、せっかくだから……と、なぜか「豆腐だけ」を箱に詰め、持って帰った。

ドジョウ鍋なのに、豆腐しか持っていかないなんて馬鹿な奴だな……とみんなで笑いながら、ようやく食べ始める。だが不思議なことに、肝心のドジョウがどこにもいない。今まで確かにそこにいたはずなのに。

このミステリーの答えは、「豆腐の中にいた」だ。あまりの熱さにドジョウは、苦し紛れに豆腐の中に入り込み、そのまま煮られてしまったのである。

現実には、ドジョウがそんなに器用に豆腐に侵入することはできない。この話もやっぱり眉唾だ。

奇食には、その珍奇さゆえに、神話やいかがわしい話がつきものなのである。

中国の三蛇燴、日本の陸鰻

旧約聖書の創世記によると、イブを誘惑してアダムとともに堕落させたのはヘビである。日本の神話でも、ヤマタノオロチは悪の象徴として退治されている。

なぜか猥褻で不気味な容姿もあって、ヘビはわが国ではあまり評判が良くないが、世界ではけっこう食べられている。

ヨーロッパや南米、東南アジアでもヘビを食材に使うが、最も多様に料理されているのが中国だろう。

この国で「龍」と名の付く料理に出会えば、それは蛇料理である。たとえば「龍虎大菜」はヘビとネコの煮込みを意味する。うまいのは、冬眠前にたらふく食いだめして太ったヘビだとされる。

新宿・歌舞伎町の路地裏に、カエルだのイヌだのウサギだの変わった食材を扱う中国料理店がある。ここでは「蛇湯」と称するヘビのスープも出してくれる。とても濃厚な味わいで、いかにも精力が付きそうな感じがする。中にはヘビの肉片がぷかぷか浮いている。その味はとても鶏に似ているのだ。

そう、以前ワニの焼肉を食べたときもそう思った。爬虫類は、鳥類と味が似ているのだ。

だいたい、鳥類はもともと爬虫類と同じ仲間で、それが進化して現代の形になったわけだから、爬虫類と味が似ていても当然なのだ。実際に、鶏の羽を毟って丸裸にすると、その姿はトカゲと大して変わらない。

中国料理の「龍」はヘビ（東京・歌舞伎町）

広東には三蛇燴料理なる奇料理がある。コブラ、マムシ、ハブの毒ヘビを一つの鍋の中に入れ、ヤマネコやアナグマの肉もさらに投入し、煮込むのだ。毒蛇を三種類入れることで、お互いに毒が毒を消しあい、味を高めることになる。この鍋は必ずヘビを漬け込んだ酒と一緒に食べることも特徴的だ。

さらに珍味なのが、ヘビが腹に抱く卵である。中国ではこれを焼いて食用にする。鶏の卵よりも濃厚な味わいがする。

蛇湯。黒い筋は肉片の縁だ

わが国でも、ヘビは昔から「陸鰻（おかうなぎ）」と称して食べることはあった。

ただ、中国のようにヘビをスープにしたり、炒めたりと凝った料理をするのではなく、多くは「薬食い」だった。ヘビを単純に干したり焼いたりして、薬用にするわけだ。

だが、一九二五年刊行の『美味求真』（木下謙次郎著）を見ると、この頃の東京にはヘビ専門店が二百軒もあり、一カ月の消費量は四万三千匹、全国では一年に五百万匹ものヘビが食されているとある。もっとも、このうちの多くは黒焼きにして薬食いにされるだけだったが、それでも三割が食用とされていたというのだ。

確かに、ヘビもウナギも見かけはあまり変わらないので、ヘビだけを毛嫌いするのは、不当な仕打ちと言えるかもしれない。

現在でも日本で蛇料理を堪能できる場所は、いくつかある。

東武桐生線の藪塚駅から徒歩十分のジャパン・スネークセンター（群馬県太田市）。

ここのレストラン（二〇二一年一月現在休業中）では、目の前でヘビをさばき、血を飲ませ、肉をハンバーグやかば焼きにしてくれる、華麗なるヘビのコース料理が四千円から六千円程度。現代日本においても、ヘビの血が飲める場所がちゃんとある。こういう事実に、何となく心がほっとするのである。

人はなぜ虫を食べないのか

ザザムシ・ハチの子（長野県伊那地方）

未来の日常食に？

昆虫食は、奇食やゲテモノの典型例と言えるかもしれない。だいたい、テレビのゲテモノ特集といえば、アフリカや東南アジアあたりで、お笑い芸人が昆虫料理を食わされて悶絶しているものだ。多くの人にとっては、不気味な昆虫を食べるのは、この上ない悪食に見えるのだろう。

しかし、それは偏見である。アメリカの人類学者マーヴィン・ハリスが言うように、「わたしたちが昆虫を食べないのは、昆虫がきたならしく、吐き気をもよおすからではない。そうではなく、わたしたちは昆虫を食べないがゆえに、それはきたならしく、吐き気をもよおすものなのである」（『食と文化の謎』板橋作美訳、岩波書店）。

牛肉や豚肉だって、明治時代に初めて見た人は、不気味でグロテスクだと思ったはずだ。今ではすしネタで圧倒的に人気のあるマグロさえ、江戸時代には食べられることはめったになかった。色が赤く、血の臭いがするので敬遠されていたのだ。トロだって、高級食材として賞賛されはじめたのは、ここ数十年のこと。それまでは「こんな脂身は猫も食わない」と、捨て去られていたのである。

人間は本質的に食わず嫌いで、未知の食材を不気味だと思うものなのだ。

しかし、人類が最初に食べた動物は、昆虫だったと言われる。

野生の鳥や哺乳類を捕まえるのは、高度な狩猟の技術が必要なのに対し、虫はわりと簡単だからだ。

実際に、原始人の糞の化石を調べてみると、バッタやミツバチ、シロアリなど、いろんな昆虫の遺骸が含まれることが分かっている。チンパンジーが木の枝をスプーンのように使い、シロアリを捕って食べるという行動も確認されているので、私たちの先祖も、同じように優雅な虫のディナーを楽しんでいたに違いない。

その後、人類は狩猟や牧畜の技術を獲得し、ウシやブタ、ヒツジなどの大きな動物の肉を口にすることができるようになったため、チマチマと虫を捕まえて食料にする必要性はなくなった。

しかし、現代でもアフリカや中国、オーストラリア、東南アジアなどで、昆虫食は連綿と続けられている。

21世紀は昆虫食の時代

昆虫は、たんぱく質やビタミン、ミネラルを豊富に含んだ食材なので、栄養学的にも優れているのだ。

また、狭い空間でも飼育ができるので、昆虫を宇宙船内で養殖し、宇宙食として活用するという提案もなされている。もはや虫を喜んで食べなければ、宇宙時代の二十一世紀を生きていけないのかもしれない。

釣りのエサを食らう

もちろん我が国でも、昆虫食は広く行われていた。

たとえば、一九一八年に三宅恒方博士が行った調査によると、ほとんどすべての道府県で、虫が食料とされていたことがわかっている。例外は、大阪や香川などの四府県にすぎない。

当時食べられていたのは、トンボ、カマキリ、コオロギ、ガムシ、ゲンゴロウなど、五十五種に及ぶ。最も多くの種類の虫を食べるのは長野県で、次いで山口県、山梨県だった。

今日でも、最も昆虫食が愛されているのが、長野県だ。中でも、南部の伊那地方で盛んだ。

この地域は、木曾山脈や赤石山脈に囲まれ、海からは遠く、かつては動物性たんぱく質の補給が困難な土地柄だった。だから、ありとあらゆるものを好き嫌い言わずに食べる文化が根付いた。それは、イナゴやバッタ、セミ、コオロギ、ゲンゴロウ、ハチなどの昆虫食だけではなく、馬の腸を煮込んだ「おたぐり」、まんじゅうの天ぷらなど多岐に及ぶ。

そのひとつとして、ザザムシがある。ハチの子やイナゴは全国的に食べられているが、ザザムシが食用になるのは、信州くらいだろう。

とはいっても、正確にはザザムシという名前の虫がいるわけではない。水がザーザー流れる、川の浅瀬に棲んでいる昆虫の総称をザザムシという。ヘビトンボやトビゲラ、カワゲラなどの幼虫のことである。

釣り好きな方なら、ここら辺でピンとくるかもしれない。要するに、「釣りのエサ」なのだ。もともと渓流に棲む昆虫なのだから、そこを泳いでいる魚が喜んで食いついても当然なのである。

このあたりで、「変なものを出すな。魚のエサなんか食えるか！」と暴れ出す人も

ハチの子（ヘボ）のすし

いるかもしれない。しかし、別に「魚の食べているものを人間が食べてはいけない」という決まりはない。また、日頃私たちが口にしている米や小麦、トウモロコシだって、きっちり牛や豚、鶏なども楽しく食している。少なくとも、そう考えて安心してもらうしかないのだ。

ザザムシは、天竜川に棲むものが最上の味とされる。しかし、あまりに乱獲されすぎたために激減し、現在ではザザムシ漁は天竜川漁業協同組合の許可制になっていて、採集者は「虫踏み許可証」なるものを持たねばならない。しかも、漁期は十二月から二月までと決められている。おかげで、今やザザムシは高級珍味の一つになっている。値段も、ハチの子やイナゴの倍近くする。

捕獲したザザムシは、水洗いして、醤油、酒、砂糖で煮詰めて佃煮にすることが多い。伊那市の古びた居酒屋で出されたザザムシ料理も、それだった。

ザザムシは体長二センチほど。三日月形に背中が曲がっていて、なんとなく「蠕(ぜん)

虫」という感じである。

噛みしめると、香ばしさと共に、微かな苦みと臭みが口の中に広がってきた。川の香りだろうか。

これは通というか、マニア向けの料理かもしれない。

ハチの子は、別名「陸のエビ」とも呼ばれ、数ある昆虫の中でも最もうまい部類に入ると評判が高い。

ハチの子の名産地は、例によって伊那地方と岐阜県の美濃地方だ。美濃加茂市などでは、ヘボ（ハチの子）のすしや炊き込みご飯も味わうことができる。

ご飯の上にハチの幼虫や成虫が載っている姿は異観だが、食してみると、甘く高貴で濃厚な味わいがする。

幸いにも、「すしのネタに虫を使ってはいけない」という決まりもない。実際、信州にも、かつてはザザムシの握りずしがあったというのだ。固定観念に縛られていては、革新的な食生活にはたどり着けないのである。

本当に食べられるのか

ウマのたてがみ（熊本県）

クリームのようにねっとり

肥後は馬肉食の盛んな地域で、いろんな店が馬刺しや馬鍋を出している。熊本市を訪れ、一軒の居酒屋に入った時、「馬のたてがみ、あります」の短冊を見て、驚いたことがある。

「あのゴワゴワのたてがみを食べるのか、しかし熊本人もよくそんな変なもの食べるなあ……」

と感心しながらも注文してみると、出てきたのは、「たてがみ」とは似ても似つかぬ、白く艶めかしく光る物体だった。

いったいこれは何なんだ。お店のオヤジに聞いてみると、これは「コウネ」という、ウマの首の部分の脂肪だという。一頭から三百グラムも取れない、希少な部位らしい。

「醤油にショウガとニンニクを溶かして食べな」と言うので、そのとおりにして口に運んでみた。

かすかに甘みがある。不思議なことに、口の中でまるでクリームのように、ねっとりと溶け出すのだ。官能的な舌触りである。これはたてがみが、ちょうど人間の体温で溶ける性質を持っているかららしい。

好き者は、たてがみと馬刺しの赤身を一緒に食べるという。試しに赤身を追加し、たてがみと併せて口に運んでみた。確かに、赤身の奔放な旨みをたてがみのしっとりとした甘みが包み込んで、とても優しい味わいになるのだ。

「たてがみ」を食べる地域は、日本でもこの熊本地方だけである。いや、馬肉自体が日本で常食されているものではない。よく食べられているのは、熊本のほかは長野県伊那、福島県会津、青森県南部などだけだ。

一説によると、熊本で馬肉が食べられ始めたのは、四百年前の朝鮮出兵に遡るという。

当時、肥後の国を治めていたのは、後に虎退治で有名になる加藤清正であった。清正が朝鮮に兵を進めたとき、まずいことに食料が尽きてしまった。仕方ないので、軍馬を潰して食べた、というのが始まりというのだ。

もっとも熊本でも、ウマの肉が一般的に食されるようになったのは一九六〇年代以降のことである。日本全体に言えることだが、それまでは馬肉はおろか、肉そのもの

白く艶めかしい「たてがみ」

が贅沢で珍しい時代だったからだ。

また、つい最近までは生ではめったに食べず、ほとんどが焼き肉や鍋など、火を通したものだった。馬刺しを食べるという行為は、魚の刺身と同じく、冷蔵庫が普及して以降のことと見ていい。

もともと、ウマを食べる地域は、世界でもそれほど多くない。

目立つのが、ウマを放牧する中央アジアの遊牧民、そしてフランス人だ。

フレンチに有名な「タルタルステーキ」という料理がある。このステーキは日本では、たいていウシの生肉をこねて作っているが、「本場」フランスでは馬肉で作る。タルタルとは「韃靼（だったん）人（モンゴル系民族のタタール人）の」という意味だ。

ただ、さすがのフランス人も、朝から晩まで馬肉を食いまくっているわけではない。タルタルステーキは、あくまで特別な料理にすぎない。

逆に、ウマの肉をタブーとしている地域は多い。

際立っているのが、アメリカとイギリスである。この地域では、厳しい開拓と長い牧畜の歴史から、「ウマは人間の友達」という意識が強く、かわいいウマの肉を食べるという行為は、とてつもなく極悪非道なものに映るようだ。

たとえば、アメリカの下院は二〇〇六年に、ウマを食肉のために屠(ほふ)ることを禁止する法案を可決しているのである。イギリスでは食べることは違法ではないが、実際にテーブルに上ることはまずない。

「食品偽装」のはしり

ところが日本では、太古からウマが食べられていたらしい。

たとえば六七五年に、天武天皇は「殺生禁断の詔」なるものを発している。そこには「牛・馬・犬・猿・鶏の肉を食べることを禁ずる」と書かれているのだ。「禁ずる」と言うくらいだから、逆に言えば、当時の日本人は、ウマのみならずイヌやサルも食べていた、と解すべきだろう。私たちの先祖は、相当なゲテモノ好きだったらしい。

その後、我が国には殺生を禁ずる仏教思想が流布していき、ウマのみならず、動物の肉を食べることはいつしかタブーになってしまった。

……というのは表向きで、実際には「薬食い」と称して、「これは肉ではなくて薬だ」として、肉は密かに食料とされていた。馬肉も「サクラ肉」「けとばし」など隠語で呼ばれ、細々と食されていた。

ちなみにサクラ肉とは、「咲いた桜になぜ駒つなぐ、駒が勇めば花が散る」という俗謡から来たという。別に、馬肉が美しいサクラ色をしているからではない（むしろどす黒いドドメ色をしている）。

ついでだが、食肉業者の間では馬肉は「角さん」の隠語で呼ばれていた。これは、屠場で四角い検印を押されるからである。

明治時代に文明開化が起こり、ふたたび動物の肉が盛んに食べられ始める。

その頃は、馬肉はもっぱら牛肉の代用品だった。ウシよりはるかに安かったからだ。当時のすき焼き屋には、牛肉と称して安い馬肉を煮込んで出す店が多かった。今でいう「食品偽装」のはしりである。

そこで、当時の人々は、お店で「牛肉」と称するものが出されると、壁に思いっきり叩きつけて、肉が貼りつくかどうか実験したという。壁に貼りつかないのが牛肉で、貼りつくのが馬肉だというのである。

まるでおまじないだが、実際に馬肉は牛肉よりも水分が多く、柔らかい。確かに牛肉よりは壁に貼りつきやすいのかもしれない。

その後、時代は変わり、現在では日本のウマの在来種はほぼ絶滅しているので、馬肉のほとんどはカナダ、アルゼンチンなどからの輸入に頼っている。もはや、牛肉よりはるかに高級肉になっているのだ。

都合がいいことに、ウマは体温が高いので、悪辣な寄生虫が少ない（といっても、食中毒の事例はあるが）。だから、たてがみにせよ他の部位の肉にせよ、生で食べるのに向いているのだ。

馬肉は牛肉や豚肉よりも、明らかに旨みと甘みが強い。これは、含有するグリコーゲンがはるかに多いからである。また、たてがみはコラーゲンの塊なので、美容にもいいようだ。

たてがみと赤身を重ねて食べる食べ方は、これから女性たちの間で、密かに勝手に流行するかもしれない。

日本の伝統食ではない？

クジラ（日本各地）

「国民食」「日常食」の条件

珍しい食べ物のことを奇食というなら、今やクジラ肉も立派な奇食だろう。国際捕鯨委員会（ＩＷＣ）の決議を受け、一九八七年に商業捕鯨が中止されて以来、我が国の鯨肉の消費量は激減しているからだ。二〇一九年に商業捕鯨は再開されたが、情況は大して変わっていない。

二〇一七年に水産庁が発表した統計によると、日本人ひとりの鯨肉の年間消費量は、わずか二十四グラム。大さじわずか二杯ほどだ。同じように局地的でマイナーな食材である馬肉すら、この四倍は消費されているのに、だ。

このような冷厳な事実の前に、次のように抗議される方もいるかもしれない。

「鯨食は日本人の伝統だ。日本人は昔からずっと鯨肉のお世話になってきた。しかし、偽善的な欧米諸国のせいで、私たちの食文化が殺されようとしている。まったく許しがたいことだ」と。

だが、すべての常識は疑ってかかる必要がある。

鯨食は本当に日本の「国民食」「日常食」と言えるだろうか。

確かに、縄文時代の遺跡からクジラの骨が発掘されている。また、室町時代に武士や貴族階級がクジラを珍重したり、江戸の庶民が十二月のすす払いの日に、クジラ汁を食べる習慣があったことも事実である。

だが、それらはむしろ例外的なことと言っていい。

クジラが日本全国で、普通に食べられるようになったのは、実に第二次大戦後のことである。それまでは、せいぜい捕鯨を行う村周辺か、都市や内陸部ではハレの日に食べる程度に過ぎなかった。

特に人気がなかったのが赤肉で、大正時代以前は、東日本ではめったに食されることがなかった。色がよく似たマグロも、この頃に食べる人はほとんどなかった。つまり、日本人はまだ肉食に慣れておらず、血の臭いを非常に嫌っていたのだ。

だいたい古式沿岸捕鯨では、一つの鯨組で一年に二十頭ほどのクジラしか獲れなかった。この量では、津々浦々に行き渡らず、郷土食の色合いが強い。

また、物流手段が未発達な時代に、全国の隅々まで鯨肉を送り届けることも難しかった。すべての日本人が同じものを食べていたという考え方は、コンビニやスーパー、ファミレスのチェーンが拡充され、どこでも同じメニューを口にできる現代に固有のものだろう。

「国民」という概念が、明治時代以降に政治的に捏造されたように、「日常食」「国民食」というものも、極めて作為的に作られたものだろう。たとえば幕末に下関戦争が起き、イギリス軍が長州藩を攻撃しているのを見て、対岸の住民は喜んで囃したてたという。つまり、その頃はまだ「日本人」という概念が成立していなかったと見ていい。

捕鯨に反対した漁師

我が国に鯨食が本格的に広まり始めたのは、明治時代に、ロープのついた銛（もり）を撃ち込むノルウェー式捕鯨が導入されてからである。しかも、銛を打ち込む砲手はノルウェー人で、船員の多くは朝鮮人だった。

伊豆下田のように、クジラがカツオやイワシの群れの居場所を教えてくれるということで、神として崇め、食べるどころか決して危害を加えない地域も、あちこちにあったのだ。このあたり、クジラやイルカを神聖視して捕鯨に反対する、現代の欧米人とそっくりではないだろうか？

また、明治時代に各地にクジラの解体場がつくられた時、いたる所で反対運動や暴動が起こっているのだ。中でも、青森県の三戸（現・八戸市）は熾烈だった。一九一一年に東洋捕鯨会社が進出してきた時、地元民が蜂起し、解体場を襲って焼き払ったのだ。この暴動で、死者と重軽傷者も出ている。

これは、クジラを獲ると血で海が穢れ、魚が獲れなくなるからという理由だった。日本人が昔からそんなに鯨肉を愛していたなら、こんな事件が起こるわけがない。

つまり、日本人の多くがクジラを日常的に食べたのは、食糧難に喘いでいた敗戦後から、商業捕鯨を中止した一九八七年まで、わずか四十年に過ぎないといっていいだろう。

サエズリ（左右）、タマ（上）、タケリ（下）の刺身

ただ、肉食の歴史が浅く、動物の内臓はめったに食べなかった日本人でも、クジラをサエズリ（舌）、タケリ（雄性器）、タマ（睾丸）、コブクロ（子宮）、ヒャクヒロ（小腸）、心臓、脳みそなど、いろんな部位を食する好き者はいた。実際、今でもこういう部位を刺身にして提供する店は存在する。

クジラの刺身には、醤油にショウガやニンニクを溶いて食べることが多い。これは独特の臭いを消すためだろう。

サエズリは歯ごたえがあり、香ばしい。タケリとタマは強い金属臭がして、通好みの味だろう。心臓はクジラそのものという感じで、血の臭いがすさまじい。コブクロはボンレスハムのようで、癖がない。脳みそは生臭いが、ねっとりした舌触りだ。

すべての日本人が太古から、クジラを日常的に食べていたわけではなかった。だとすると、この食材の占める位置は、今も昔も大して変わらない気がするのだ。

つまり、クジラは奇食だったのだ。

「一羽、二羽」と数えるわけは

ウサギ（ヨーロッパ）

徳川将軍家の正月料理

わが国では、昔からウサギを数える時は、「一匹、二匹」ではなく、「一羽、二羽」と言っていた。その理由をご存じだろうか？

それは、かつては日本人はウサギをけっこう食していたからだ。仏教思想の影響下にあったこの国では、建前では殺生と獣肉を食べることが禁じられていた。だから、ウサギを「こいつは鳥だ」として、「一羽、二羽」と数えながら食べたのである。ウサギの長い耳を、鳥の翼に見立てたわけだ。

似たような話はほかにもある。たとえば、イノシシを「山に住んでいるクジラだ」とか、肉食ではないが、禁忌と食の例では、ウナギを「里芋が海に潜って変身したものだ」とか主張して、こっそりと食べていたのだ。坊さんたちも同じことで、酒を「般若湯」と称して密かに楽しんでいた。日本の食のタブーには、相当な抜け穴があったと見ていい。

ウサギを特に愛好していたのはマタギ（奥羽山地の猟師）である。一九八〇年頃までは、秋田県の大館、鹿角、大曲の肉屋の表にはウサギがそのままぶら下げられている光景がよく見られた。野ウサギには独特の野臭があるため、味噌、ニンニク、ショウガなどで煮込んで、臭い消しをして食べるのが一般的だった。ウサギの脳みそも、濃厚な味わいがたまらない逸品だという。

また、徳川家康が始めて以来、徳川家では正月にウサギの根深汁（ネギの入った味噌汁）を食べる習慣があった。将軍が特別な日に食べるくらいだから、かなり上等で希少な肉と目されていたのだろう。

ここで思い出すのが、「うさぎ追いしかの山……」（「故郷」）という歌である。これは、実は「うさぎを追いかけ、捕まえて食べた」という意味だったのではないだろうか？

続いて、「小鮒釣りしかの川……」という一節があることからもわかる。これを聞けば、誰しも「小鮒を釣って食べたんだろうな」と思うだろう。だとしたら、前段のウサギも、きっちり子供の胃袋に収まっていても不思議ではないのだ。

この歌が教科書に載ったのは一九一四年のことだ。食糧事情が悪く、動物性たんぱく質に飢えていた時代に、酔狂でウサギや小鮒を捕まえ、何もせずにそのまま自然に返すなんて、ありえないことだ。

明治維新が起こり、肉食タブーが解かれた後、わが国でウサギの飼育を推進した存在がある。日本政府だ。

ウサギは、肉は食用に、毛皮は防寒具にと、軍隊にとって極めて有益だったからだ。農林省（現・農林水産省）がウサギの飼育を奨励し、戦時中には国内の養兎頭数は六百万羽にものぼった。ウサギがなかなか私たちの口に入らなくなったのは、帝国軍の没落と衰退によるものなのである。

淫乱の象徴

現在でもウサギがよく食べられているのは、ヨーロッパだ。中でもフランスだろう。この国ではウサギの肉が普通に市場で売られているし、フランス人が一年で食べるウサギ肉の量は、平均四キロにも及ぶ。

もともとウサギは、淫乱や肉欲の象徴とされるほど多産なため、飼育に適していたのだ。ウシやブタの畜産が合理化・効率化する以前は、極めて重要な家畜だった。

フランスでは、食用のウサギは、大きく野ウサギ（リエーブル）と家ウサギ（ラパン）に分けられている。

野ウサギは、いわゆるジビエ（野生の鳥獣）というやつで、フランスの最高級食材

レバーと肉に背骨のソースがかかる一品

の一つだ。

ジビエは乱獲を防ぐため、ヨーロッパでは秋から冬にしか狩猟が許されず、捕獲する頭数も厳しく制限されている。秋になると、市場に毛の生えたままの野ウサギが無造作に並べられているのは、フランスの風物詩だ。野ウサギは、野生だけあって獣の臭いのする肉で、そこがまた好事家の間で愛されている。品質管理された家畜とは違い、一羽一羽が個性的で味わいが全く違うのも、マニア心をくすぐるのである。

それに対して家ウサギは、家畜として育てられたウサギで、肉の色は白く、臭みは少なく、淡白で、柔らかい。野ウサギと違い一年中手に入る食材なので、広く料理に利用されている。

ウサギ料理は、いろんなところで試してみた。レストランでは、ウサギ肉を調理し、パスタに絡めた「ウサギのパスタ」を提供していた。別の店では、ウサギのレバーをウサギの肉でくるみ、背骨を煮込んだソースを添えたものが出された。

そして、どれも味は共通していた。鶏とそっくりなのだ。ウサギを「一羽、二羽」と数えるのは、実は「味が鶏に似ている」という理由もあるのではないか。

非常にあっさりして舌触りのいい肉だ。かわいい動物は、肉もおいしいと見える。ただ、鶏よりもモチモチした食感がある。これは、球状たんぱく質が多いからという。

実はこの食感ゆえに、わが国でもかつてはよくウサギは、ソーセージやハムの「つなぎ」として使われていたのだ。だから、「ウサギみたいなかわいい動物を食べるなんて信じられない！」と叫んでいるあなたも、知らず知らずのうちにウサギを食していた可能性は高いのである。

そう言えば、二〇〇七年に、北海道苫小牧市の食肉加工会社「ミートホープ」が、牛肉ミンチ肉の中にウサギの肉を混入させたとして、大騒ぎになったことがある。「訳のわからない肉を混ぜるな！」と日本中から非難囂々（ごうごう）だったが、昔から日本人はウサギの肉を楽しく食べてきたわけだから、あんまり偉そうなことは言えない。ひき肉にこっそりウサギを混ぜ込んだミートホープ社長は、実は日本の食の伝統を復活させようとした、愛国者だったのかもしれない。

生食よし加熱してよし
サボテン（メキシコ）

愛されるウチワサボテン

トウモロコシ、唐辛子、ジャガイモ、トマト、カボチャ、カカオ、パイナップル……。これらの共通点が何だか、おわかりだろうか。

それは、中南米が原産地ということだ。コロンブスが一四九二年にアメリカ大陸に到達する以前には、これらのものは旧世界には存在しなかったことになる。

もしこれらの食材がなければ、唐辛子を多用する韓国料理や、とかくトマトを使いたがるイタリア料理は、とてつもなく貧困なものになっていただろう。ラテンアメリカが人類の食生活に与えた影響は、非常に大きいものと言わねばならない。

ちなみに、タバコも南米原産である。コロンブスがわざわざ新大陸まで出向かなければ、人類が愛煙と嫌煙のうんざりする争いに巻き込まれることはなかったかもしれない。

南米が世界の食文化に与えた影響は巨大だが、「今現在、ラテンアメリカで何が食べられているか」ということについては、日本ではあまり知られていない。その中で、比較的なじみ深いのがメキシコ料理だろう。

トウモロコシのパン（トルティージャ）に何でもはさむタコスや、すさまじく辛いサルサソースなどが有名だが、この国で「サボテン」がよく食べられていることをご存じだろうか。

マカロニウェスタンを見ていると、サボテンが林立する砂漠の中を、ウマに乗った陽気なメヒコが、悠然と駆けていくシーンが目につく。

実際、メキシコの国土百九十七万平方キロのうち、砂漠は八十一万平方キロだ。つまり、国土の四一パーセントが砂漠。こんな乾いて苛烈な気候条件でも平然と育つサボテンは、とても都合のいい食料なのだ。

もっともサボテンと言っても、何でもかんでも食べてしまうわけではない。食用は「ノパール」と呼ばれるウチワサボテンだ。ちょうど人間の手のひらのような形をし、「茎」の長さが数十センチある奴である。ちなみにサボテンは、トゲトゲになっているところが葉であり、大きく広がっている部分は「茎」である。メヒコは、この「茎」の部分を食べるのだ。メキシコの市場で、まず目を引くのが、このノパールが堆（うずたか）く積み上げられている光景だ。太ったおばさんたちが、このノパールを束にして

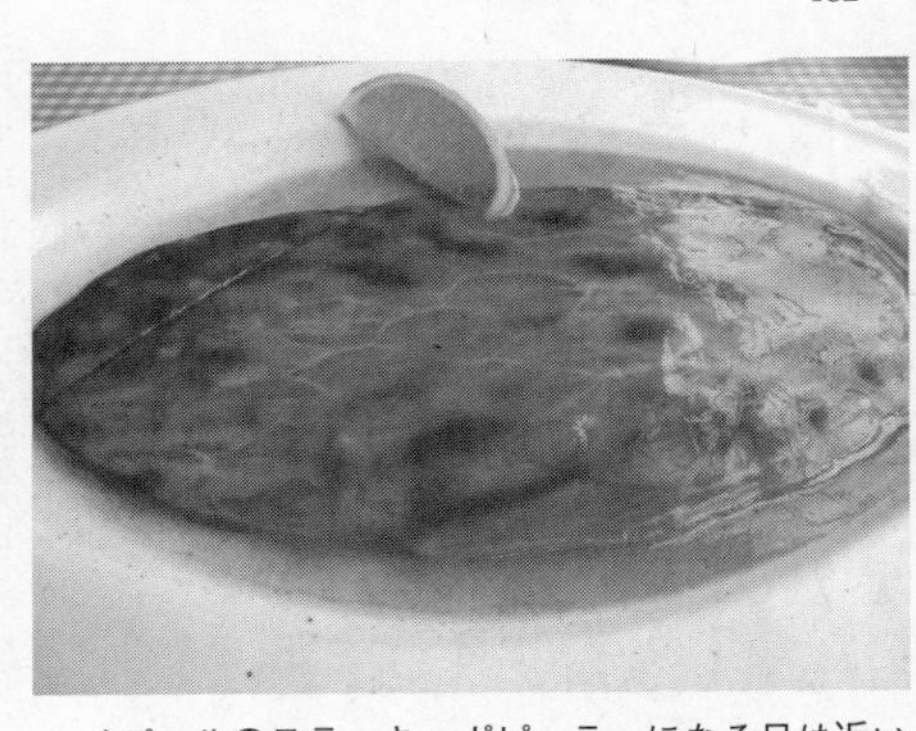

ノパールのステーキ。ポピュラーになる日は近い

買っていく。

ポピュラーな料理法は、茹でたノパールを、チーズ、タマネギ、茹で卵などと一緒にトルティージャではさんだタコス、そして切り刻んだノパールを入れたサラダ、そのまま焼いたソテーなどだ。ツゥナという甘い実も愛され、征服者であるスペイン人も、喜んで口にしたという。また、サボテンとパイナップルを混ぜたジュースも、メキシコ女性の間でダイエット飲料として流行している。

またしても、愛知県

僕が食したのは、「ノパールのステーキ」なるものだった。それは、緑色が冗談のように美しい、プルプルした物体だった。ノパールの棘を取り、皮をむき、味を染み込ませるためにいくつか切れ目を入れてサラダ油で焼き、上からライムを搾ったものだという。

味は、ライムの果汁も手伝ってか、とても酸っぱい。そして、口の中に、青臭い

「えぐみ」が広がるのである。とても自己主張の強い料理だ。「青汁よりはかなり美味しい」と言えるくらいには美味である。

　食感はシャキシャキと弾力性がある。「よく似たものを前に食べたことがあるな……」と考えて、思い出した。

アロエだ。このサクサク感は、アロエそのものだ。それもそのはずで、アロエもサボテンも同じ多肉植物に分類されている。

ノパールは、メキシコでは健康食品としても注目されている。これを切るとネバネバの液が溢れてくる。メヒコはノパールをミキサーにかけて飲んだりしている。ノパールのネバネバには整腸作用があり、糖尿病の改善にも有効だという。また、現地ではノパールは精力剤ともされ、夜に自信のない男たちが、バイアグラ代わりにせっせと摂取しているという。

　このサボテン料理がとても印象的だったので、日本で他に食べられるところはないか――と探してみたら、あったのである。例によって、変わった食べ物の多い愛知県の春日井市だ。

　同市は日本のサボテンの八割を生産しているという。サボテンが基幹産業だ。ここでは、いま「春日井サボテンプロジェクト」なるものが発足していて、サボテン料理の普及が激しく図られているのである。

現地では小中学校の給食に「サボテンスープ」なるメニューも登場しているし、市内には「サボテンのアイス」「サボテンカレー」「サボテンういろう」などを出す飲食店が続出している。

また、二〇〇八年七月には、「春日井サボテンメニューコンテスト」なるものが開かれ、新しいサボテン料理の開発にしのぎを削っている。優勝したメニューは「サボテンロール」（別名・かすがい捲(まき)）だった。

だいたい、最近近所のスーパーでもお目にかかるドラゴンフルーツは、実は「サンカクサボテン」の果実なのだ。サボテンが私たちの食卓を席巻する日は意外と近い……かもしれない。

クジラとどちらがおいしいか
カンガルー（オーストラリア）

ブッシュ・フード界の雄

クジラとカンガルーは、よく似ている。一つは、どちらも野生の獣である点、もう一つは、環境保護と食のタブーが絡みついている点だ。

たとえば、日本のいわゆる「調査捕鯨船」に執拗な攻撃を加えている環境保護団体シー・シェパード（本部・米ワシントン州）はオーストラリアに強力な拠点をもつグループだ。オーストラリア政府は日本の捕鯨活動を強く非難しているし、現地の人々にクジラを愛護し保護する傾向が強いことはご存じだろう。クジラの肉を食べるなんて、考えられないことなのである。

その一方で、オーストラリア人はカンガルーをよく食べる。スーパーでは普通にカンガルーの肉が売っているし、カンガルーが増え過ぎて草原を食い荒らしているとして、大量に駆除している。こういった事態を見て、多くの日本人は非難する。「カンガルーみたいなかわいい動物を食べるなんて残酷だ」「クジラはだめだが、カンガルーは殺していいのか」と。

しかし、これは「どっちもどっち」としか思えない。問題は、それぞれが相手の立場や文化をまったく理解せず、罵（ののし）りあっていることだ。

つまり、オーストラリア人はクジラを食べず、日本人もカンガルーを食べようとしないことだ。おそらく、これらの肉を両方食べた人間は、それほどいないのではないだろうか？

カンガルーは、オーストラリア、ニューギニア島、タスマニア島に住む有袋類で、もともと旧大陸に住んでいた西洋人には縁がなかった。

カンガルーの語源としては、こういうことが言われている。

昔、オーストラリアに入植した西洋人が、現地で飛び跳ねる動物を見て、「あれはなんだ」とアボリジニ（先住民）に聞いたところ、「カンガルー」（わからない）と答えた。これがこの動物の名前の語源だというのだ。

しかし、これは俗説である。本当は、アボリジニの言葉「ガングルー」（跳ぶもの）から来ているという。ちなみに、カンガルー属の学名はMacropusという。これはラテン語で「大きい足」という意味である。

この動物を食用としていたのは、新大陸に五万年前から住みついているアボリジニである。

彼らの食文化を「ブッシュ・フード」という。これがなかなか興味深い。自然に転がっているものを、何でも口に入れてしまうのだ。彼らのメニューは、ウイッチティ・グラブと呼ばれる蛾の幼虫、ワニ、トカゲ、イルカ、アリ、辺りに生える草や木など、なんでもござれだ。中でも面白いのが彼らのデザートで、アリのお尻に溜まった蜜を食いちぎる、というものだ。とても上品で高雅な甘さがするという。

そのアボリジニの影響もあって、カンガルーはオーストラリア中で食べられている。尻尾を煮込んだスープ、マリネ、ステーキなどがポピュラーな調理法だ。

ルーミートは健康食品

オーストラリア人以外から見れば、カンガルーの肉（ルーミート）なんてのは、単なるゲテモノとしか思えないかもしれないが、いま思わぬ方面から注目を浴びている。とても健康にいいというのだ。

一九八三年、メルボルン大学のオデア博士は、ある事実に気づいた。オーストラリアの内陸部で、ブッシュ・フードを食べて暮らしているアボリジニには、糖尿病、心臓病、高血圧の患者が極めて少ないのだ。

これは、アボリジニがカンガルーを食べているからではないか、と博士は考えた。分析してみると、ルーミートは脂肪分が百グラムあたり一～二パーセントしかなく、牛肉や豚肉などと比べても、コレステロールが少ない。

この研究成果もあって、オーストラリアの国立心臓病財団などは、健康維持のためにカンガルーを食べるよう奨励しているほどだ。

また、ヨーロッパでも一部の好事家から人気を呼び、今では五千トンものルーミートが旧大陸に輸出されている。日本でも、早めに「カンガルーずし」や「カンガルーの肉じゃが」なんてのを開発しないと、世界の波に乗り遅れるかもしれない。

さて、僕が試してみたのは、カンガルーの肉を串に刺し、胡椒などを振りかけて焼いた一品だった。

色は不思議に赤黒い。口に入れると、どこか草原の匂いがした。

そして、少し固く、奇妙な血の臭いがするのだ。

この味にはどこかで覚えがある。懸命に記憶の糸を辿り、やっと思い出した。

クジラだ。肉が固く、血の臭みがある点は、クジラの肉とどこか似ているのだ。

よく考えると、これは当然のことかもしれない。クジラもカンガルーも野生の動物であり、捕獲する時は、追い回して銛や銃弾を撃ち込むという手法を取っているからだ。

だいたい、野生の動物をしとめる時に重要なのは、クリーン・キル（一発で仕留めること）だ。何度も執拗に刺したり銃弾を撃ち込んで苦しめると、血が全身にまわり、確実に肉が臭くなってしまうのである。

しかし、環境保護や食のタブーの象徴として祀り上げられた二種類の動物の味が、似ているのは皮肉なことだ。

このことは、あらゆる食の偏見と対立が、いかに馬鹿馬鹿しいことかを教えてくれている気がする。

見かけは牛肉そっくりだ

王妃も愛した媚薬

鶏のとさか（フランス）

フランス料理誕生の秘密

歴史は、必ずしも崇高な理念によって始まるのではない。しばしば、一人の人間の気まぐれやわがままによって転回するのである。

現在の豪華なフランス料理の基礎が築かれたのは、十六世紀だと言われている。そのきっかけは、一五三三年にイタリアのメディチ家のカトリーヌが、フランスのオルレアン公に嫁入りしたことだ。

この時、カトリーヌはイタリアから、お気に入りの料理人をフランスまで連れて行った。と同時に、ゼリー、シャーベット、マジパンなどのデザートや、ナイフ、フォーク、ナプキンなどの食器類、そして洗練されたテーブルマナーを持ち込んだのだ。それまでのフランス料理は未だ中世の影響を脱せず、ひたすら香辛料を振りかけ、手づかみで丸焼きの肉にむしゃぶりつくものだった。

そんな「女のわがまま」でフレンチに変革をもたらしたカトリーヌがこよなく愛したのが、「鶏のとさかのパテ」だった。

どうやら、当時のフランスでは、とさかに「媚薬」の効果があると考えられていたらしい。確かに、雄鶏が真っ赤なとさかを振りたてている姿は、なんとなくエロチックかつ雄渾で、そっちの方面にも「効きそう」な感じはする。

この部位が日本の料理で使われることはめったにないが、フレンチではしばしば利用される。

たとえばフランスを旅していてレストランに入ると、ガリア風（á la gauloise）と称する一品に出会うことがあるだろう。これは、鶏のとさかと腎臓を使った料理である。古代ローマ時代に、ガリアと呼ばれていたフランスの象徴が雄鶏だったからだ。

またロワール川流域のトゥーレーヌ地方では、黒い鶏（ジェリーヌ）の肉、血、内臓の何から何まで赤ワインで煮込んだ料理が名物だ。もちろんこの中には、きっちり「とさか」も入っている。

とさかの料理は、イタリア、ロシア、中国などにも存在する。鶏のとさかは肉とは食感が違うので、料理のアクセントをつけるには好都合なのだ。よく考えると、日本人が鶏のハツ（心臓）や砂ずり（胃袋）まで食べながら、とさかだけは忌避するというのは奇妙なことだ。ひょっとすると我々はまだ、鶏の本当にうまい食べ方を知らな

心を閉ざさず食べてみよう

いのかもしれない。

焼き鳥界に密かに存在

しかしこの国でも、とさかは食べられるところでは食べられる。

それが、東京の神楽坂にひっそりと佇む焼き鳥屋だった。

五人座ればいっぱいになってしまうほどの、狭いカウンターのある店だ。僕がここで「とさかの塩焼き一本!」と頼むと、ちょっと色っぽい女将が「はい」とあっさり出してくれた。

この店は、たまたま養鶏場も経営しているため、こんな珍しい部位も食べられるのである。

とさかが五枚ほど、串に刺され、黒く焼かれて震えていた。

食感はやわらかいが、少しコリコリしている。そして口の中に、ねっとりとした液体が、官能的に溢れだし、舌に絡みつくのだ。それはほのかに甘く、シュークリームにも似ている。

口の中に溢れ出てきたのは、ヒアルロン酸だ。「肌を美しくする」ということで、最近やたらと化粧品や健康食品に含まれている物質だ。巷に出回っているヒアルロン酸のサプリメントなどは、実は鶏のとさかから作ったものが多い。得体のしれない栄養食品にうつつを抜かすより、渋く焼き鳥屋で「とさかの塩焼き」を決めるほうが、はるかに美容にいいかもしれない。カトリーヌがとさかのパテを好んだのも、この美肌効果を知っていたからではないだろうか？

この店では、ほかにも普通のモモ肉やハツも食したのだが、一番うまくて感動的だったのが、実はとさかだった。心を閉ざさずに、新しい世界を探し続ければ、こういう意外な一品にも出会えるのだから、食わず嫌いは損である。

ちなみに、高知市のある料理店では、「とさかバーガー」なる、とさかを焼いてバンズにはさんだハンバーガーを売り出している（現在では三人分以上からの予約制のようだが）。このあたりでは、刺身で食べさせる店もあるので、とさかが好きで好きでたまらない人がもしいたら、試してみるのもいいだろう。

毒をもつ生き物の底力

サソリ（中国）

男の子が生まれる？

サソリは毒をもっていて人を刺すことで有名な節足動物だ。こんなものが食べられるのかと思われる方もいると思うが、中国の山東省などでは食材とされている。主に素揚げにして、レストランに出てくるのだ。

僕が食べたのも、歌舞伎町にある怪しい中国料理店だった。ここでは、「太行金蠍」と称して、サソリの唐揚げを客に出している。

ハサミを振り上げ、見るからに邪悪そうな姿をしている。だが、よく考えるとロブスターか伊勢エビに似ていなくもない。極めて高級な食材なのかもしれない。

噛んでみると、口の中にドロッとしたモノが流れ出てくる。いったいこれは何なんだ。苦く、えぐみがある。正直言って、毎日食べたくなるようなものではない。

たどたどしい日本語を操る、お店の三十代くらいの小姐（シヤオチエ）（おねえさん）に聞いてみた。これは精力剤だというのだ。サソリを食べると、男としての力がみなぎり、男の子が生まれるという。

なるほど、一種の薬食いなのか。媚薬のようなものなのか。

実際サソリは、中国やヨーロッパでは薬用としても用いられてきた。漢方薬店に、時々乾燥させたサソリが並べられているのを、見たことがあるかもしれない。

味はシャコに似る

そして、サソリの毒は恐ろしい印象を持たれがちだが、実はそれほど強力なものではない。また、神経毒なので、口に入れても影響はない。さらに、揚げることにより、油に毒が流れ出すので、大丈夫だ……というのだ。

ただ、サソリを調理するにはコツがある。一週間ほど絶食させ、腹の中を空っぽにしなければならないのだ。これを怠ると、とてつもなく苦くて大変だという。

サソリの肉は、シャコに似た淡白な味がするが、身が非常に少ないのが難点だ。だから、薬食いするなら、丸ごと揚げて食べるのが、やはり正解なのかもしれない。

エビとカニの中間の風味

ザリガニ（世界各地）

フランス料理にゲテモノなし

世界には、いろんな食のタブーがある。

たとえば、アフリカのヌビア人やクシト人は、魚を絶対に食べない。彼らは鱗（うろこ）のあるものを見せられただけで顔をそむけ、嫌悪の情を露わにする。

だが奇妙なことに、彼らは海沿いに住む民族で、近くには川も流れているのだ。獲ろうと思えば簡単に魚が獲れ、それを食べたほうが栄養面にもいいはずなのに、彼らは決して魚を口にしようとしない。いや、「魚を獲る」という発想すらなく、漁業の技術をいっさい持ち合わせていないのだ。

このように、食のタブーとは、「食べると健康に悪いから」とか「捕まえるのが大変だから」といった、合理的な理由があるわけではない。

日本でも、かつては至るところにザリガニが蠢（うごめ）いていたのに、「ザリガニを料理する」という文化はほとんどない。だがそれにも、「泥臭くてまずいから」といった、誰にでもわかる理由があるからではないだろう。

なぜなら、ザリガニを喜んで食べる文化は、世界でも結構あるからだ。有名なのがフランスだろう（ちなみに、フランス語には「ゲテモノ」に当たる言葉がない）。

この国では、ザリガニは「エクルヴィス」といい、オマール（ロブスター）と並ぶ高級食材だ。「オマールは身を食べろ。エクルヴィスは殻を食べろ」という諺があって、ザリガニの殻からは濃厚なソースがとれるのである。

だいたい、高価で豪勢なことで有名なロブスターだって、和名を「ウミザリガニ」といい、実は「ザリガニ下目」に属するのだ。つまり、ザリガニの一種なのである。よく考えると、ロブスターもザリガニも、大きなハサミを振りかざした姿が、そっくりだ。ロブスターは喜んで食べるが、ザリガニは丁重にお断り申し上げるという態度は、極めて公平性に欠けると言わねばならない。

もとは食用ガエルのエサ

ブルガリア、中国、オーストラリア、日本では北海道や山形でもザリガニ料理はある。アメリカ南部のケイジャン料理「茹でザリガニ」も有名だ。

典雅と映るか、野蛮と見るか

中でも有望なのが北欧だ。八月頃にザリガニ漁が解禁される。この季節に各地で「ザリガニ祭り」があり、老若男女が家庭でレストランで、ザリガニにひたすらむしゃぶりついているのである。ザリガニの殻をむくための専用の道具すらある。北欧の冬は長く、六月になってもまだ雪が残っていることがある。ザリガニ祭りは北欧人にとって、夏の終わりを惜しむ行事なのだ。

僕は「茹でザリガニ」なるものを食したことがある。皿の上に真っ赤に茹で上げられたザリガニを五匹載せ、差し出されたのだ。見かけは、子供の頃にドブの中で暴れていた、あの奇怪で下品な怪獣そのものだった。

まず、首の部分をパキッと折り、中の「みそ」を吸ってみた。どしっとした濃厚な味で、予想に反し、泥臭さなどどこにもない。心なしかシナモンのような香りすらする。なるほど、エクルヴィスからいいソースが取れるわけだ。

身に攻め込む。とてもあっさりとして、清新な風味。言ってみれば「処女の裸身」という感じなのだ。嫌味な旨みはほとんどない。

そして味も香りも、ちょうどエビとカニの中間なのだ。

そう言えば、ザリガニは、日本のある地方では、「エビガニ」とも呼ばれていた。この地方の人々は、たぶん密かにザリガニを食べ、味を知っていたのではないだろうか？

ザリガニの身はわずか小指の先ほど、数十グラムくらいしかない。だから、ザリガニでお腹をいっぱいにするのは一苦労である。スウェーデンでもザリガニ料理にはたっぷり時間をかけるのが礼儀で、時には五時間以上も延々と食べ続けることがあるらしい。

出されたザリガニの種類は、アメリカザリガニだという。そうかあ。子供のころ、近くのドブや川で、ウヨウヨ蠢いていたあいつらだな。よく獲って遊んだものだが、奴らが今お皿の上に並んでいるのか。

日本の川には、もともとニホンザリガニという在来種が棲んでいたという。

だが、一九三〇年にアメリカからアメリカザリガニが、わずか二十四だけ輸入される。こいつが滅法、生命力の強い奴で、従来のニホンザリガニを駆逐し、日本中の川や田んぼを支配してしまった。だから僕らが「ザリガニ」と聞いて思い浮かべるのは、このアメリカザリガニなのだ。放逐されたニホンザリガニは、絶滅危惧Ⅱ類に指定されるほど貴重な存在になっている。

ちなみに、アメリカザリガニが輸入された目的は、「食用ガエルのエサにするため」だったという。つまり、僕は今レストランの中で、食用ガエルと同じエサを食べていることになるのだ。なかなか雅(みやび)で超現実的な食卓じゃないか。

正常なのか異常なのか

土（世界各地）

普遍的な食文化

「土」を食べる料理があるというと、「なんて野蛮な！」と眉をひそめる方もいるかもしれない。

だが調べてみると、土を食べる習慣は、アジア、アフリカ、アメリカ、オセアニアなど、全世界で見られることがわかる。極めて普遍的な「食文化」なのだ。

たとえば、アフリカのペンバ島（タンザニア）の人々は、若い女性が土を食べ始めたら喜ぶ。それは、女性が妊娠したことを示すサインだからだ。ベトナムのある地域では、土を網で焼いて客に出す習慣があるし、アメリカでも黒人奴隷がアフリカから持ち込んだ食土の習慣が昔から盛んで、今でも合衆国南部では調理された土がスーパーで売られているという。ハイチでも、昔から子供や妊婦が「テーレ」と呼ばれる土入りのビスケットを食べることが知られている。

土を煮ただけの謎めいた一品

日本でも、アイヌが百合の根と土を煮て食べたし、妊娠した女性が壁土を食べたがるということはよく言われることだ。

いわゆる土食症（geophagia）というやつだ。人間は亜鉛不足で味覚が異常になったり、妊娠中に鉄分が不足したりすると、土を猛然と食べたくなることがあるのだ。

もともと土にはマグネシウム、ナトリウム、カルシウム、鉄分などのミネラルが含まれていて、ベントナイトなどの消化を促進する成分なども入っているので、土を食べることには滋養強壮や解毒の意味合いがあるのだろう。

また、チンパンジーにもマラリア原虫を駆除するために、土を食べる習性があることがわかっている。土を食べるという行為は、僕らの先祖がまだ木の上で暮らしていたころからあると見ていいだろう。

記憶と想像を呼びさます

東京にも、土の料理を食べさせる珍しいフランス料理店がある。そこで、山の土を煮て、ルッコラの根を添えただけというシンプルなものをいただいた。

味はかすかに甘みはあるが、基本的には無味無臭だ。だが、食べているうちに奇妙な感覚を覚えた。

なぜか、昔のことを思い出すのだ。それは、子供の頃に鬼ごっこをして遊んで、つまずいて転んだときに口の中に入った土と同じ味。この土料理を食べるにつれ、子供のころ楽しかったこと、悲しかったこと、ある夜夕飯に出されたメニュー、いたずらを仕掛けたときに先生が見せた困った表情……などが次々と脳裏を駆け巡り始めた。プルーストの大作『失われた時を求めて』には、主人公が紅茶に浸したマドレーヌを食べ、過去のことを次々と思い起こす有名なシーンがある。あれとそっくりなのだ。

これは、記憶と想像をかきたてる料理だ。と同時に、不思議な安心感と安堵感をも得たのだ。それは、久しぶりに土の匂いをかぎ、この世界に大地が確かに存在することを再認識したからかも知れない。

ネイティブ・アメリカンは土をイーワーキー（癒しの土）と呼び、疲れ果てた心を癒すために食したという。

土を食べるという一見奇怪で病的な行動には、人間が大地から生まれたことを思い起こさせ、人間と自然との繋がりを取り戻し、心を癒す意味合いがあるのかもしれない。

名コックの策略

カエル（世界各地）

隣国人への蔑称

隣国同士は仲が悪いのが世の常だ。イギリス人とフランス人もご多分にもれず、あまり仲がよろしいとはいえない。昔から、イギリス人はフランス人を「フロッグ」と呼んで侮蔑してきた。その理由をご存じだろうか？

それは、フランス人がカエルをよく食べるからだ。食べ物をネタにして、他民族を差別するやり方は、世界中で行われている常套手段である。

しかしこの場合は、イギリス人のほうに分が悪いと言わねばならない。なにしろ、カエルはとても美味しいからだ。

フランス人は、赤ガエルや青ガエルを、シチュー、フライ、スープなどにして食べる。だいたい、彼らはカエル料理を魚料理の一種だと考えているほどだ。日本人がクジラを「勇魚（いさな）」と称し、魚として扱うのとよく似ている。

僕が初めてカエル料理に出会ったのも、フレンチ・レストランだった。

ここでウサギのコース料理を頼むと、前菜として「カエルのフライ」が出てきたのだ。

細長い骨が突き出した小さな肉片が、グラスの上にお洒落に盛り付けられていた。これはおそらく、腿（もも）の肉なのだろう。

味は、鶏によく似ていた。淡白で、繊細で、美味なのだ。食にうるさいフランス人が好むのもよくわかる。

カエルは、ほかにもイタリアやドイツ、中国などでも食されている。

中国ではカエルのことを「田鶏」または「山鶏」という。味が鶏に似ているからだろう。田鶏の専門料理店もあり、彼らはこれを炒めものや串焼きにして頰張る。

またこの国では、「雪蛤」と称する乾物も売られている。これは、「カエルの輸卵管」を干したものなのだ。中国人はこれをぬるま湯でもどし、シロップを入れて、「氷糖雪蛤膏（ピンタンシユエハアカオ）」というデザートにする。

南米には、成体ではなく「オタマジャクシ」を食用とする民族も存在する。

彼らが好きなのは「アベコベガエル」という種類の子供だ。英語で Paradoxical frog（逆説的なカエル）という、なかなか哲学的な名前を持つ動物である。

このカエルは名前の通り、成体よりもオタマジャクシのほうが数倍体が大きいとい

フレンチはすべてを上品にする

う、逆転的な体質を持っている。だから、体が大きい子供のうちに食べてしまうわけだ。ほろ苦い味わいがあるという。新潟のメダカの佃煮と似ているのかもしれない。

本邦初のカレーの具

さて、本来なら日本人ももっとカエルを食べていないとおかしいはずだ。

だいたい、日本書紀の応神紀に、吉野に住む国樔人（くずひと）が、ガマガエルを煮込んでご馳走として食べている、という記述があるほどだ。単に食べるだけではなく、各地で病気を治すための薬食いもされていた。

また、いわゆる食用ガエル（ウシガエルなど）は、文字通り「食用」として持ち込まれたものだ。「食用ガエル」という名前自体、我が国の農商務省（現・農林水産省）が命名したものである。

一九一八年にアメリカのニューオーリンズから、わずか十四匹のウシガエルが、食用化の研究のために我が国に輸入され、養殖され始めたのだ。

ちなみに一九三〇年に、食用ガエルのさらに「食用」、つまりエサとして、アメリカから連れて来られたのがアメリカザリガニである。さらに、ブラックバスももともとは食用とするために、一九二五年にアメリカから輸入されたのだ。

とにかくこの時代は、よっぽど動物性たんぱく質に飢えていたのだろう。食べるためなら何でも外国から持ち込んで繁殖させてしまう、奇食の青春時代・黄金時代だったのかもしれない。

さらに日本で最初のカレーは、カエル肉を用いたものだったと言われている。『西洋料理指南』（一八七二年）に記録が残っているのがそれだ。ここには「ニワトリ、エビ、タイ、カキ、赤ガエル等のものを入れてよく煮、後に『カレー』の粉小一匙を入れ……」という、なかなか食欲をそそるレシピが記されている。

食通たちも、脂肪分の少ないカエル肉のうまさを見逃しはしなかった。

美食家として有名な魯山人は、京都の池でヒキガエルを捕まえ、煮て食べた体験を記している（『魯山人味道』中公文庫）。彼はこれを「肉はキメが細かく、シャキシャキしていて、かしわの抱き身などより美味い」と絶賛。食通を自称するなら、カエルくらいは日常的に食していないとまずいことがわかる。

さて、冒頭のフランス人とイギリス人の抗争の話に戻る。

いくら嫌味なイギリス人でも、すべてのフランス料理を憎んでいるわけではない。精妙な食材と深遠なソースを絡めたフランス料理は、スノッブなロンドン紳士たちの間でも人気を博していた。

十九世紀の末、ロンドンのカールトンホテルでは、当時「料理の皇帝」と称せられたフランス人オーギュスト・エスコフィエが料理長を務めていた。そのレストランで評判だったのが「妖精の腿」という繊細なフライ料理で、イギリスの食通たちの心を鷲づかみにしていた。

しかしその後、これが「カエルの脚」だったことがわかり、ロンドン中が大騒ぎになったという。

だが、悪いがこの勝負、フランス人の勝ちである。エスプリの国らしい、なかなか洒落たやり口じゃないか。他人の食べているものをおちょくっていると、えらい目にあうのである。

第3章　奇食界のニューウェーブ

ポンジュースで炊こう
みかんご飯（愛媛県）

飲食界の都市伝説

噂によると、愛媛県の水道には三つの蛇口があるという。青い蛇口をひねると、水が出てくる。赤いのからは、お湯が出る。そしてもう一つ、オレンジ色がある。ひねると、「ポンジュース」が出てくるという。

……というのは、もちろん嘘である。愛媛県はみかんの生産量が日本で二位。こういう怪しい都市伝説が生まれるほど、みかんとポンジュースが暮らしに密着しているという訳だ。

ちなみに、似たような噂はほかにもある。京都府宇治市の小学校では、水道から名産の「お茶」が出る。

これは都市伝説ではなく、本当である。現地の学校では、タンクに沸かしたほうじ茶や玄米茶を蓄えていて、子供たちがいつでも蛇口をひねって熱いお茶が飲めるよう

子供が喜びそうなルックス

にしてあるのだ。宇治市の子供たちは、「蛇口をひねるとお茶が出るのは当たり前」と思いこみ、大きくなってからこれが宇治だけの特異な現象であることに気付き、少なからぬショックを受けるらしい。

さて、愛媛県には「みかんご飯」なる食べ物も存在するという。これは、ご飯を「ポンジュース」で炊いたものだ。

これは都市伝説ではない。現実に、いくつかの小学校で給食として出されているメニューである。地元での消費量を増やすため、一九八八年に松山市の小学校に突然、現れたものだ。「みかんピラフ」「あけぼののご飯」とも呼ばれている。

だが、半分は都市伝説でもある。僕の周囲にいる愛媛出身者に聞いてみても、ほとんどが「みかんご飯？　そんなもん食べたことないぞなもし……」という反応だったからだ。実際、これは地域的にとても偏りのあるメニューらしく、数十年愛媛に住んでいながら、みかんご飯を見たことも聞いたこともない人々もいる。

現地に行ってもなかなかお目にかかれず、小学校に潜入して子供と一緒に食べるわけにもいかないので、友人と一緒に作ってみることにした。事前に、近くのスーパーでポンジュースの一リットル入りを買ってくる。

レシピは、『日本全国奇天烈グルメ』（話題の達人倶楽部編、青春出版社）のものを土台とした。フライパンにバターかサラダ油を引き、まず鶏肉、むきエビ、タマネギ、ニンジン、マッシュルームの水煮、グリーンピースを塩とコショウで炒める。そこに米三百七十五グラムを加え、透明になるまでさらに炒める。

ここからが、単なるピラフが「みかんご飯」に変わる瞬間だ。炊飯器に炒めたものをすべて入れ、さらに「ポンジュース」を百ミリリットル、水を三百八十七・五ミリリットル、白ワインを少量投入し、炊き込むのである。これで五人分だ。

半時間で炊き上がる。炊飯器を開けると、むわーっと湯気が顔にかかってくる。その匂いが、完全に「ポンジュース」そのものなのだ。色も、冗談みたいに美しいオレンジ色だ。

食べてみると、ほのかに酸味と甘みがあり、確かにみかんの味がする。中にはいろんな具材が入っているので、「ポンジュース味の鶏肉を食べる」という、なかなか得難い経験ができる。

まあ、これが小学校の給食に出されるのも、わからないではない。昔のお子様ランチについてきたチキンライスのように、わかりやすい「子供の味」なのだ。

考えてみると、イタリアにもオレンジやイチゴのリゾットはある。料理の中にフルーツを入れる例としては、パイナップル入りの酢豚などもある。ベトナムには鶏肉入りのチェー（スイーツ）まである。だから、ピラフの中にポンジュースが乱入してきても、それほど変なことではないかもしれない。そう考えて、自分の舌をなだめておくことにした。

魔法のドリンクか

ポンジュースは、一九五二年に愛媛県の青果販売農業協同組合連合会が発売したのが始まりで、現在では松山市のえひめ飲料が売り出している。

名前の由来は、当時の県知事であった久松定武が、「ニッポンイチ（日本一）」のジュースにしたいということで、「ポンジュース」と命名したのだという。

しかし、「日本一」ならPOMではなくPONのはずだ。なぜ、ポンジュースのボトルにはPOMと表記されているのか？

それは、POMとはpomology（果樹園芸学）やpomelo（文旦）の頭の部分だというのだ。また、フランス語のbonjour（ボンジュール）から来ているという説もある。いくらなんでも、これはこじつけだろう。

さらにややこしいことに、愛媛の言葉では「ポン」には「くだらない」という意味もあるという。また、POMはPower Of Mikanの略だという人までいる。こういう諸説が入り乱れるほど、ポンジュースは愛媛県人にとって、神秘的で偉大な存在なのだろう。

また、現地には夏に週一回「ジュースの日」なるものもあり、すべての公立の小中学校でポンジュースが配られるという。ポンジュースがないと、夜も日も明けない土地柄らしい。

さらに面倒なことがある。冒頭に「ポンジュースの出る蛇口」について書いたが、実はこれは単なる都市伝説ではなく、半分は本当である。

二〇〇八年、えひめ飲料は松山空港に、現実にポンジュースの出る蛇口を設置し、大盛況を博したのだ。

以後、ポンジュースの出る蛇口は、愛媛県の各地に増殖している。

〇六年には、えひめ飲料はポンジュースのボトルに蛇口がついた携帯ストラップを製作した。携帯が着信すると蛇口がキラキラ光るという優れもので、マニアの間で大評判になったという。

また、「えひめみかん祭り」などのイベントにも、ポンジュースの蛇口は密かに出没しているという。

ポンジュースには、あらゆる怪しい都市伝説を現実化する、魔術的な力があるのかもしれない。

たくあん入りの洒落たやつ
サラダパン（滋賀県湖北地方）

不可解なパンを発見

近頃、「ご当地グルメ」が大流行である。ある地域だけで偏愛されている食べ物を言うのだが、「サラダパン」もご当地グルメのひとつかもしれない。なにしろ、滋賀県の湖北地方以外ではめったに見かけない食品だからだ。内容もなかなか変わっている。

ふつう、「サラダパン」と聞くと、パンの間にレタスやキャベツをはさんだものを想像するが、このパンは、「たくあん」が中に入っているのだ。

ＪＲ北陸本線の木ノ本駅から徒歩十分いったところに、一軒の小さなパン屋さんがある。壁には巨大なコッペパンのオブジェが掲げられていて、そこに「つるやパン」と大書されている。ここが、問題のパンの製造直売元だ。

店番をしていたおばさんに「サラダパンあります？」と聞くと、あっさりと「あいよ」と出してくれた。黄色い包装フィルムに包まれた、一見普通のコッペパンだ。お店の片隅に「イート・イン」するスペースがあったので、腰かけて食べてみる。パンを割ってみると、中にしっかり黄色い千切りが詰め込まれている。たくあんだ。しかも、マヨネーズで和えられているのだ。

頬張ると、口の中がポリポリ音をたてる。パンを食べてこんな音を聞くのは珍しい。そして、むわーっとたくあんのカントリーな匂いが口の中に立ち上ってくるのだ。

ただ、それほど異様な味でもない。たくあんとマヨネーズはケンカしていなく、「おいしい」と言ってもいい。ただオリジナリティがありすぎて、なかなかほかに例がないというだけだ。

天啓がたくあんを襲う

サラダパンが誕生したのは、一九五一年のこと。当時は終戦直後で、日本ではパンなどまだまだ珍しい時代だった。今では珍妙にも見えるが、発売当初はとてつもなく斬新でおしゃれなものだったにちがいない。

当時の日本では、パンといえばあんパン、クリームパンなどの、お菓子のように甘いものが主流だった。

だが、店主の妻であったおばさんは、ひとり「甘くないパンは作られへんやろ

東洋と西洋の幸せな出会い

か？」と思い悩んだ。

ここに生まれたのが、サラダパンである。もっとも、当初は普通に、千切りキャベツをマヨネーズで和え、パンにはさんだものだった。

だが一つ問題が起こった。おばさんはパンをあちこち行商していたのだが、時間がたつとキャベツの水分がパンから滲み出てしまうのだ。

そこで天啓が。「たくあん挟んだらええんとちゃうか？」と閃いたのである。この思いつきは素晴らしい。都合のいいことに、湖北地方では、あちこちの家庭で普通にたくあんを作っていた。それを利用してしまえ。このあたり、家庭の漬物を無理やり焼いて食べた、飛騨高山の「漬物ステーキ」（三六ページ）に似ている。

しかし、「たくあんをはさんでいるだけなのに「サラダパン」とは無茶じゃないか？」と思う。その疑問を地元の人にぶつけてみたら、「たくあんも野菜やから、サラダの一種なんや」という答えが返ってきた。あまりに完璧な回答すぎて、反論することができなかったのだが……。

つるやパンでは他にもいろんなパンを作っている。ナンバーワンの人気は、このサラダパンではなく、「サンドウィッチ」という商品だ。まったくそのままの商品名だが、これは丸いパンにソーセージとマヨネーズをはさんだシンプルなものだ。それも、ただのソーセージではなく、魚肉ソーセージであるところが、ひと昔前の世代には感涙ものだろう。ほかにも、丸い食パンを焼いた、素朴なラスクもある。

サラダパンは、地元のスーパーなどでも売られ、給食にも登場するほどの有名なパンだが、長らく湖北地方の外に出ることがなかった。

だが最近はネット通販も始め、遠地にいてもサラダパンや丸型サンドウィッチを手に入れることができるようになった。日本中どこにいても、パンとたくあんの微妙なコンビネーションが楽しめるようになったのは、素敵なことである。

中京奇食界の最高峰

甘口イチゴスパ（名古屋市）

恐るべき〝胃〟文化圏

前から、中京地方には注目していた。なぜか、この地域には変わったものが多いのだ。たとえば、日本でいちばん「奇祭」が集中しているのが愛知県周辺である。男性器の神輿(みこし)が出る田縣(たがた)神社豊年祭（小牧市）、珍しい女性器の神輿が繰り出す大縣(おおあがた)神社豊年祭（犬山市）、男たちが「うじ虫」のように地べたに寝転がる牛久保八幡社のうなごうじ祭り（豊川市）……など、理由は不明だが、奇矯な祭りが花咲いているのがこの辺りだ。

奇祭に比例するように、変わった食べ物も数多い。

全国区として定着したのが、天ぷらをおむすびに埋め込んだ「天むす」、ウナギを使った「ひつまぶし」などだろう。

ほかにも、「台湾ラーメン」なるものもある。これはひき肉入りの激辛「あん」を

完食した人は偉大だ

かけたラーメンだが、不思議なことに台湾には存在しない。

名古屋市千種区（ちぐさく）の「味仙（みせん）」が独自に開発したものである。今や名古屋のどこに行っても食べられるが、それ以外の場所ではまずお目にかかれない謎のメニューだ。

さらに、味仙には「台湾ラーメンのアメリカン」なるものも存在する。これは辛さをマイルドにしたものなのだが、ここまで空間と観念が入り組んでくると、訳がわからなくなってくる。

奇食を出すお店の多い名古屋だが、中でも最高峰と目されている店がある。それが昭和区の「マウンテン」という喫茶店だ。

地下鉄鶴舞線のいりなか駅で降り、坂道を登っていく。十分ほど歩くと、小高い丘の上にドイツ風の民家のような建物が見える。ここが件の喫茶店だ。

お店の中は、ちょっと古めかしいが一見普通の喫茶店だ。席に着くと若いウェイターがメニューを持ってくる。そこにはこんなことが書かれていた。

「甘口抹茶小倉スパ」「甘口イチゴスパ」「納豆サボテン玉子とじスパ」「小倉丼」「ニワトリピラフ」「イカスミジュース」「青い。コーラ」「甘口マーボー丼」……。

いったいこれは何なんだ。訳がわからないが、なんとなく一番かわいい感じがしたので、「甘口イチゴスパください」と言ってみた。

すると不思議なことに、ウェイターはニヤッと笑って、「はい、わかりました!」と去って行った。注文の時、ウェイターが憐憫と好奇が綯い交ぜになった表情を見せる喫茶店も珍しい。いったい、ここで何が行われているのか?

そこに山があるから

しばらくして、ウェイターが心なしか薄い笑みを浮かべ、戻ってきた。

僕は戦慄した。見事にピンクのパスタの上に、生クリームをかけ、イチゴを載せた、まるでケーキのような外観なのだ。麺がピンクなのは、イチゴを練り込んであるからしい。

匂いもすごい。異様に甘ったるい湯気が鼻孔を襲うのだ。フォークで巻いて口に入れると、パスタの熱さで生クリームが溶け始め、油とともにグチャグチャになり、とんでもない不協和音を奏で始める。

よく見ると、イチゴまでしっかり炒めてあるのだ。熱されたイチゴは、水分を失って全く別の物体に変質している。

僕らは「スパゲッティは甘くない」「イチゴは熱くない」という固定観念に縛られている。だからそれに反する料理を出されると、頭が混乱し、舌が反抗しはじめるのだ。これは、僕らの常識や感覚に挑戦する料理だ。

しかも、やたらと量が多い。普通のパスタの一・五倍はあるだろう。「斬新な味」と「異様に多い量」に苦しめられ、僕は全体の十分の一も食べずにギブアップだった。

とにかく、甘い。ほとんど暴力的な甘さだ。

かつて食通の北大路魯山人は「甘いはうまい」と言ったというが、マウンテンに来ると、この言葉が間違いであることに気づく。本当は「甘いはつらい」なのだ。

聞くところによると、店名にちなみ、マウンテンに行くことを「登山」といい、全部食べきることを「登頂」という。そして、食べきれずに残してしまうことを「遭難」という。僕は見事に遭難したわけだが、なぜだかまったく悲しくはなかった。

そして、これほど異様な献立にもかかわらず、どうして客はひっきりなしにこの店を訪れるのか——。

それは、「そこに山があるから」ということらしい。

辺りを見回すと、さほど広くない店の中は超満員だった。若い男が五、六人テーブルを囲み「しるこスパ」に歓声をあげたり、苦笑したりしながら食べている。そして、よく見ると僕と同じく「遭難」して、大量に残して寂しく席を立っていく男たちが多い。全部食べきっている者は、ほとんどいない。もはやこの店のメニューは、人間の舌の限界を超えた芸術作品なのかもしれない。

もともと、このあたりは学生街で、周囲には南山大学、名古屋大学、中京大学などが集まっている。昔から、大学生は金がなくて腹が減っているのが相場なので、このお店でもひたすら大盛り・山盛りの料理を提供した。これが店名の由来だという。店が小高い丘の上に建っているからではないらしい。

もともと人間は、老人よりも若者のほうが、新奇なものを食べたがる傾向がある。幼児は放っておけば、虫からビー玉、土、石など、何でも口に入れて周囲を騒がせる。犬や猫にしても、歳をとると特定のペットフードしか頑として口にしないことがある。まさに、若さは奇食を産み、新しい物を連れてくるのだ。

実際にこの喫茶店は、近くの大学サークルの「罰ゲーム」に利用されているという。先輩たちが「甘口イチゴスパ」や「イカスミジュース」を優しく奢（おご）ってくれるなんて、たぶん一生の思い出になるだろう。

丼の中の暴動

席から厨房の中を覗いてみると、口に白いマスクをつけた男が、鋭い目でひたすらフライパンを揺すっていた。このお方が、店長のようだ（二〇一九年に長男の方が二代目店主になっている）。

彼は、奇食の世界ではカリスマ的な存在であり、「時代は俺が作る」と豪語する自信家だ。「甘口メロンスパ」などの華麗なメニューは、厨房でフライパンを振るっている時、突然思いつくものらしい。

一部には、「メニューの味見をしていない」という恐ろしい噂も流れていたが、店長に聞いてみると、それは嘘だという。数々の奇妙なメニューは、店長が自ら味見して「うまい！」と感じたものだけらしい。だから、客は一瞬奇妙に思っても、たぶん安心して食べていいのだろう。

その後、僕は何度もマウンテンに通い、いろんなメニューを試してみた。

「甘口メロンスパ」「甘口キウイスパ」は「甘口イチゴスパ」の別バージョンで、それぞれメロンとキウイを炒めた、激甘パスタだ。全体に言えるのだが、マウンテンのメニューは異様に量が多く、異常に甘い。

「甘口マーボー丼」は、冷たいご飯の上に「マシュマロ」とナス、サヤインゲン、コーンフレークを載せ、上から黒蜜をかけたもの。これらの具材が全くマッチしていなく、まるで丼の中で暴動が発生しているような一品だ。「食べるということは、こんなにも辛いことなのか……」としみじみと感じさせる。

「マンゴスペシャル（辛口）」というものもある。これは高さ五十センチはある巨大なマンゴー味のかき氷なのだが、なんと「辛口」なのだ。口にすると、時間差で辛さが襲ってくる優れものという。

スパゲッティが甘かったり、かき氷が辛かったり、とにかくこの店は頑として普通の料理を出したくないらしい。まあ、ミートソーススパやドライカレーなどのよくあるメニューも存在するのだが……。

そう言えば、日本を統一に導いた織田信長、豊臣秀吉、徳川家康は、みんなこのあたりの出身だ。昔から名古屋周辺には、新しいものを生み出す得体のしれないエネルギーが渦巻いているのかもしれない。そのエネルギーがたまたま、現代は「甘口イチゴスパ」や「イカスミジュース」に向かってしまったにすぎないのである。

（メニューは二〇〇九年時点のものです）。

辛さと優しさのせめぎ合い

味噌カレー牛乳ラーメン（青森市）

複雑怪奇で戦闘的

今、青森で熱く注目されている奇食がある。それが「味噌カレー牛乳ラーメン」だ。名前からして冗談みたいである。

僕はこのラーメンの存在を、青森市のタクシーの運転手に聞いて知った。さっそく頼んで店まで連れて行ってもらい、試食してみた。

ぱっと見は、脂ギトギトの味噌ラーメンという感じだ。だがよく見ると、麺の上にバターの塊が載っているのがわかる。これは、正確には「味噌カレー牛乳バターラーメン」というべきじゃないのか。ますます複雑怪奇だ。

鼻を近づけると、微かな牛乳臭と、戦闘的なスパイスの香りが漂ってきた。

麺を啜ってみる。カレーの強い刺激が口の中を刺す。だが、それを牛乳のまろやかさが優しく包んで、なかなかいいコンビネーションだ。どこか甘みもある。

よく似た味を思い出した。東南アジアでよく出てくる、ココナッツミルク入りのカレーだ。あの料理でも、強烈なスパイスの刺激と甘ったるいまろやかさが、手を取り合っていた。

そして、このラーメンはとても脂っこいので、胃にずっしり溜まり、体が温まる。極寒い津軽の地で、この新メニューが好まれるのは、まさにこの理由からだろう。極寒地に住むロシア人が、脂っこいボルシチや大量のバターを摂取し、皮下脂肪を蓄えて寒さを凌(しの)いでいるのと、どこか似ている。

それは映画館から始まった

味噌カレー牛乳ラーメンが誕生したのは、一九六八年に青森市内で開店した「味の札幌」というお店だった。

定番の味噌ラーメンにカレーや牛乳を入れて出していたのだ。当時の一番人気は「塩カレーラーメン」だったという。これ自体、かなり首を傾(かし)げざるをえない珍メニューである。

転機は、一九七〇年代だった。「味の札幌」は、松竹会館という映画館に支店を出したのである。

映画館は、暇を持て余した中高生が集まる場所だった。必然的に、彼らは映画を観

東洋水産から発売の「味噌カレー牛乳ラーメン」

終わった後、このラーメン屋にたむろし始めたのだ。

今も昔も、新しい食文化を生み出すのは若い精神である。中高生たちは持ち前のチャレンジ精神を生かし、味噌ラーメンの中に、ケチャップやコーラ、マヨネーズなど、ありとあらゆる変なものを入れて実験を開始。

そしてついに発見したのが、「味噌ラーメンにカレーと牛乳を入れるとなぜかうまい」という「真理」だった。しばらくは、この新ラーメンは秘められた存在だったが、七八年、客の熱い要望にこたえてめでたく表メニューに昇格した。

しかし、青森のラーメンは、本来はあっさりした煮干しだしの醬油味が多い。そんな中で、濃厚こってりな味噌カレー牛乳ラーメンが人気を呼ぶのは異様に見える。

だが一方で、青森市は中華麵やカップ麵の消費量が全国でトップクラスである。「うめぇラーメンだばなんでもいいじゃ」という感覚なのかもしれない。

二〇〇八年には、「青森味噌カレー牛乳ラーメン普及会」なる団体も発足し、この青森限定の地域奇食を全国に広める運動も始まっているのだ。

またこのラーメンは、マルちゃん（東洋水産）から「味噌カレー牛乳ラーメン」の名前で、同年にカップ麵としても発売されている（二〇一六年、青森味噌カレーミルクラーメンとしてリニューアル）。

もはやこの新ラーメンは、冗談ではすまない領域まで来ているようだ。

子供の前衛的実験料理

いちごシロップもんじゃ（群馬県伊勢崎市）

北関東、驚異のごちゃ混ぜ

だいたい、僕のような関西人から見れば、「もんじゃ」という食べ物自体がじゅうぶんに奇食なのである。

関西でもんじゃにお目にかかる機会はまったくなかった。東京に来て、どう見ても場末の繁華街でお目にかかる「何ものか」としか思えないもんじゃに出会った時、かなり驚いたものだ。東京人はえらいもん食べて生きてるんやなあ、と深く感動した。

それ以後、浮世の付き合いでこの奇食を何回か試したことがあるが、あの斬新なビジュアルと、チープな食感には未だ慣れていない。

ところが、群馬県の伊勢崎市には、さらに不思議なもんじゃがあるという。なぜか「いちごシロップ」を入れて食べているというのだ。なんでそんなものを混ぜて喜んでいるのか……ＪＲ池袋駅から湘南新宿ラインの列車に乗った。

高崎駅で両毛線に乗り換え、ざっと二時間半もかかって伊勢崎駅に到着した。もう夜の七時を過ぎていた。夕闇が迫っている。

事前に調べたところによると、この町にはもんじゃ屋が多数あり、しかも駅からそれほど離れていないところに点在しているはずだった。

だが、伊勢崎の夜は恐ろしいほど暗く、開いている商店はほとんど見当たらない。しかも奇妙なことに、人間がほとんど歩いていない。もんじゃ屋がどこにあるか全くわからないのに、道を聞く人すらいないのだ。

ただ、車は激しく行きかっていた。この町にもモータリゼーションの大波が押し寄せ、ほとんどの人は自動車で移動していたのだ。おかげで通りには人影がまるでなく、商店街もひっそりと眠っているようだった。

だが、半分閉まりかけていた小さな事務所を発見し、そこのお姉さんに無理やり道を聞いて、もんじゃ屋を目指す。それは、市南部の緑町という飲み屋街にあるという。闇の中に、「もんじゃあります」という看板がぼんやりと浮かび上がっていた。扉を開ける。

店内には、誰もいなかった。まるで八〇年代で時が止まったような店で、薄暗く雑然とした店内に、宮崎ますみがクラリオンガールだった頃のポスターが、煤けた輝き

時間の止まった素敵な店内

を放っていた。

しばらくすると割烹着姿のおばさんが現れ、座敷に案内する。僕は座布団に坐りながら、

「もんじゃください」

と早速言ってみると、おばさんは、

「「あま」「あお」「から」のどれがいい？」

と聞いてきた。

まるでスパイの暗号じゃないか。その心を聞いてみると、「あま」はいちごシロップ入り、「あお」はソーダのシロップ入り、「から」はカレー粉入りを表す隠語らしい。さらに、「あまから」なる、いちごシロップとカレー粉を両方入れた一品もあるという。

これはゴージャスじゃないか。僕は

早速「あまから」を注文してみた。

おばさんがテーブルにボウルを持ってきた。中には水で溶いた小麦粉、キャベツなどのもんじゃの素が入っている。そこにすかさず、毒々しく赤いシロップを投入する。さらにカレー粉を入れ、かき混ぜて鉄板の上にぶちまけた。

やはり見かけは、なかなか奇態である。少し焼けたところで口に運んでみた。その瞬間、「これはどこかで食べたことがあるぞ……」と思い出したのだ。そうだ。子供のころ飲んだ、赤い「咳止めシロップ」だ。それと同じ、どこか吐き気を催すような甘ったるさなのである。

だが次の瞬間に、「ピリッ」というカレー粉の攻撃が来た。口の中で「あま」と「から」が遊離し、激しくぶつかり合うのだ。それらは決して一つになることはない。二十世紀の作曲家イーゴリ・ストラヴィンスキーの曲に、まったく違う調性のメロディーを衝突させたものがあるが、それとよく似ている。これは、違和感を楽しむ料理なのかもしれない。

神妙な顔をして「あまから」を口に運ぶ僕を見ながら、おばさんが伊勢崎もんじゃの由来を語ってくれた。

「もんじゃはもともと駄菓子屋で作ってたの。店で焼いているうち、飴玉やらするめやら、店にあるものを何でも入れてみたのよ。そのうち、かき氷で使っていたいちごシロップなんかを入れ始めたんだよ。カレー粉は台所にあったものね」

「まあ、「あまから」は子供が食べるもんだよ」

とおばさんは笑った。とかく子供というものは、味覚が柔軟というか、どこか壊れたところがあるようだ。

天地創造を思わせる鉄板上の大混沌

上州人は粉食が大好き

もんじゃが誕生したのは、江戸時代だと言われている。もともと、焼くときにタネで鉄板に文字を書いて遊んだことから、「文字焼き」が「もんじゃ」に転訛したのだ。

お好み焼きは、このもんじゃが発展して生まれたものである。ちなみに、東京や関西には「広島焼き」という言葉があるが、広島人は決してそんな言葉は口にしない。「広島焼き」というと現地の人に怒られることがある。あくまでお好み焼きは広島が元祖であり、関西や東京のお好み焼きはそのエピゴーネンにすぎない、という強い信念があるからだ。

ちなみに、関西でもんじゃが見られないのは、水が軟水だからだとされている。軟水だと、小麦粉を溶くとねっとりとし、お好み焼きに向いているのだ。しかし、関東は硬水が多いので、小麦粉に混ぜてもサラサラする。水っぽいもんじゃが関東で人気なのには、お水の事情があるのだ。

もともと、群馬県は昔から米の生産が盛んではなかった。山がちで稲作に向いてなかったのである。しかし、空気がきれいで日照時間も長いので、小麦の生産は盛んだった。

だからこの地域では米食よりも小麦食が盛んで、「うどんが打てなければお嫁に行けない」といわれるほどうどんが熱愛されていた。このあたりの粉食としては、中身のないまんじゅうに味噌をつけて焼いた「焼きまんじゅう」も有名だ。支離滅裂に見える駄菓子「いちごシロップカレーもんじゃ」にしても、実は上州の粉食文化の土壌の上に成り立っているのである。

和洋折衷の極北をいく

パイナップル茶漬け（愛知県一宮市）

前衛食の王国

愛知県は、なぜか和洋折衷の大好きな土地である。

たとえば、盆踊りのときに、意外な曲で踊ることが知られている。荻野目洋子の「ダンシング・ヒーロー」だ。この歌がかかると、老若男女がいっせいに色めき立ち、ひたすら夜が更けるまで踊り狂うという。古典的な盆踊りの歌を押しのけて、大人気の曲なのだ。

食べ物で言うと、パンの間に餡子をはさんだ「小倉トースト」やら、スパゲッティの上にあんをかけた「あんかけスパゲッティ」など、枚挙にいとまがない。どうやら、和の物と洋の物に出会ったら、両者を一緒くたにしなければ気がすまない人々のようだ。

さてここに、和洋折衷の極北とも言うべき料理がある。「パイナップル茶漬け」なるものだ。それは、一宮市の「お茶漬けニューヨーク」なる、これも奇態な名前のお店で出されている料理である。

JR名古屋駅から特別快速で十分ほどで、尾張一宮駅に着いた。

一宮市は、一見どこにでもある地方都市に見える。しかし街を歩きだすと、ところどころに奇妙な店が目につくのに気づく。「スッポンラーメン」専門店やら、「鉄道模型カフェ浪漫」など、ちょっと毛色の違うお店が点在しているのである。

十分ほど行くと、「お茶漬けニューヨーク」という看板が目に飛び込んできた。

その建物がまた変なのである。どこか日本風の長屋に、堂々と「星条旗」がかかっているのだ。

ここはアメリカンなお茶漬けでも追求しているのだろうか……と思いながら内を覗く。十人が座れるほどのカウンターがあるだけの、小さなお店である。ガード下の一杯飲み屋といった雰囲気だ。

席に座って一人呆然としていると、「いらっしゃい～」といいながらシェフの白衣を着た男が登場。店主だという。早速、噂のパイナップル茶漬けを注文してみる。千五百円だ。これは、変わった食べ物を試すためには安いのか高いのか？

出てきたのは、まずは丼飯。その上に、しっかりパイナップルの断片が載っている。

そして、ポットに入れた「ホットミルク」だ。シェフによると、ミルクにチーズ、コンソメ、抹茶を入れて温めたものだという。抹茶を入れるのは、「これを入れないとお茶漬けにならないから」という、アリバイ工作みたいなものらしい。

ミルクをご飯の上にかけて、さっそく頂いてみる。

米とミルクの壮絶なコラボレーション

まず、強烈な牛乳臭にひるむ。お茶漬けなのになんで「牛乳」なのか。かき混ぜて口に入れると、パインとご飯と牛乳とチーズの味が混濁し、カオスの状態になる。確かに和洋折衷だが、ここまで行くと前衛芸術の領域だ。

たしかに、ご飯とミルクの組み合わせは奇妙だ。だが、僕が小学生の時は、「おにぎりと牛乳」がセットで給食に出てきたものだ。口の中で米とミルクが壮絶なコラボレーションを演じていたものだが、これはパイナップル茶漬けにちょっと似ている気がした。

百五十万円のお茶漬け

店長は、もともとイタリアンのシェフだったという。しかし、なんでこんな珍奇なメニューを考え出したかというと、お客から「フルーツ入りのお茶漬けを作ってくれ」とせがまれ、そのリクエストに応えただけだという。客の無茶苦茶な要求にも応えるあたり、このシェフはなかなかのプロフェッショナルと見える。

ここで、テーブルの上に分厚いメニューがあるのに気付き、開いてみた。ここのお店の出し物は、なんと二百四十九種類もあるという。これは「ニューヨーク」にかけた洒落らしい。これだけよく考えつくもんだ。

百科事典みたいな厚さのメニューに圧倒され、写真に撮ろうとすると、「だめだめ。メニューは撮影禁止だよ！」と店長が遮った。

残念そうにしていると、「俺が必死で考えた料理だからな。どんなものか知りたかったら、二百四十九個全部食えばいいよ」と無茶なことを言われる。

その「門外不出」のメニューをめくっていくと、「若鮎」「マグロの山掛け」「冷やしじゃこ」など、実は普通のお茶漬けも多いことがわかった。

しかしさらにページをめくっていくと、「アメリカン」「ニューヨーク」「イチゴ茶漬け」「ブドウ茶漬け」など奇怪な品目が現れ始め、そのうち「メロン茶漬け」なるものにぶち当たった。

値段がすごい。千五百円から「百五十万円」まで幅があるのだ。なんでたかが「メロンのお茶漬け」に百五十万円もかかるのか。店主によると、フルーツ系のお茶漬けは予約生産制らしい。そして、注文が入った時点で、店長がわざわざ夕張までメロンを買いに行くという。夕張メロンの初物が、ご祝儀相場で二個三百万円ほどするので、メロン茶漬けも百五十万円するというのだ。

なかなか壮大な話だ。で、「今まで百五十万円のメロン茶漬け食べた人いるんですか?」と聞いてみると、シェフは「いやー、みんな千五百円のばっかだけどな」とちょっと悲しそうにつぶやいた。昨今の不況は、こんなお茶漬け屋の中までも忍び込んでいるようだ。

続けてメニューを読んでいくと、さらに不思議な品目に出会う。「タモリン」「ユンソナ」「マドンナ」「ルー大柴」「モー娘。の焼きオニギリ」……。

これはいったい何なんだ?

聞いてみると、これは、マドンナやユンソナが「お茶漬けニューヨーク」の常連で、来日するたびこの店でフルーツ茶漬けを楽しんでいく……というわけではない。

テレビでタレントが「私、こんな食べ物が好きなんですぅ」というのを店長が聞いていて、そこからインスピレーションを得て勝手に創作した料理だというのだ。「マドンナ茶漬け」については、マドンナのお抱えシェフが日本人で、普段から十五穀米にメープルシロップをかけたものを喜んで食べていると聞いて思いついたという。本当なら、マドンナは相当な奇食マニアだということになる。きっとこの本も買ってくれるにちがいない。

いずれにせよ、マドンナやルー大柴と、お茶漬けを通じて一心同体になりたい人には、お勧めしたい料理だ。

(メニューは二〇〇九年時点のものです)

湖のギャングを食い尽くせ
ブラックバス（滋賀県草津市）

キャッチ・アンド・イートせよ

「みんなで琵琶湖の悪役を退治しませんか？」

強烈なコピーにたじろいだ。

僕はその時、滋賀県草津市の琵琶湖博物館に来ていた。ＪＲ東海道本線の草津駅からバスで三十分ほど行ったところにある博物館である。

琵琶湖に棲息する動物や植物を執拗に展示した館内を巡った後、空腹を覚えて、付属のレストラン「にほのうみ」に立ち寄ったときのことだ。

入口には貼り紙があり、そこには「シェフ特製タルタルソース使用！　バスバーガーセット」と大書され、続いて先ほどのコピーが躍っていたのである（残念ながら二〇一一年一月現在バスバーガーはないのだが）。

ブラックバスとは……あの「湖のギャング」と呼ばれる魚のことか。そんなもんを料理にしていいのか……という疑問が湧き起こったが、好奇心には勝てず、引き寄せられるように店に入ってしまったのである。

大きなガラス張りの、とても瀟洒で明るいレストランだった。やってきたおばさんウェートレスに、早速ブラックバスバーガーを注文してみる。

出てきたものは、バンズに何やらフライを挟んだものだった。見かけは、ファストフードのフィッシュバーガーとそっくりである。

さて、実際に食べてみる前に、ちょっとこの魚について解説しておこう。

ブラックバスは、「湖のギャング」とも呼ばれる魚である。

たとえば、琵琶湖は「湖のガラパゴス」と呼ばれるほど、固有の魚介類の多い湖だったが、一九七〇年以降、スジエビ、コイ、ニゴロブナなど、数々の生物が絶滅するか、急激に数を減らしている。その元凶の一つが、このバスだ。

ブラックバスが日本にやってきたのは、一九二五年のことである。

泰昌銀行の頭取である赤星鉄馬氏が、アメリカからブラックバスを持ち帰り、箱根の芦ノ湖に放流した。その数、わずか九十匹だった。

だが、これが極めて悪食の奴らで、魚、エビ、カエル、トンボ、メダカなど、動くものなら何でも食いつくしてしまう。さらに、頭のいい魚で、オスが卵を守る性質があるため、爆発的に増える。わずかの間に、日本のいろんな河川で、バスの魚影は濃くなっていく一方。

しかも、バスはルアーにも簡単に食いつき、引き上げようとしても徹底的に暴れて抵抗する戦闘的な性格なので、釣りをしていても面白いのだ。ブラックバスは釣り人たちの心を占拠した。

バスは各地の河川や湖に放流され、ますます増殖し、そして日本古来の魚を駆逐していく。「これは大変」ということで、全国各地でバス排斥運動がおこった。

ついには二〇〇五年六月に外来生物法が施行され、ブラックバスの中でもオオクチバスとコクチバスが特定外来生物に指定された。つまり、この二つのバスの輸入、飼養、放流などが禁止されたのだ。

ブラックバスが激増した理由の一つに、「食べられることが、まずない」ことが挙げられるだろう。

「湖のギャング」の末路

奇妙なことに、日本にはなぜか「ブラックバスはまずい」という迷信が根強い。だから、全国にバサー（ブラックバス釣り愛好家）が溢れても、彼らは釣ったバスを決して食わず、そのまま川に流してしまうのである。「キャッチ・アンド・リリース」という奴だ。

川に戻されたバスたちは、「しめしめ、また戻れたぞ」と喜んでまた川を暴れまくる。というわけで、ブラックバスは盛大に釣られながらも全く減らない、という事態に陥った。

作家の椎名誠氏は、このキャッチ・アンド・リリースというのが大嫌いで、釣った魚は食ってやるのが礼儀だと主張している。カヌーイストの野田知佑氏も「キャッチ・アンド・イート」派だ。確かに、必死で抵抗した揚句に、あっさり無罪放免されてしまうのは、魚に対して失礼と言えるかもしれない。

ブラックバスがこれほど増えた大きな理由は、天敵がいないことである。それだったら、人間が天敵になって、バスを食いまくったらいいじゃないか。こう考えて、各地でブラックバスの食用化が進んでいる。その最先端が、この琵琶湖博物館のレストランであるようだ。

淡白で上品な味

さて、運ばれてきた「バスバーガー」を恐る恐る口に運んでみた。「湖のギャング」の名に相応しい、猛々しい味がするのか……。

しかし、それは拍子抜けだった。

極めて普通の白身魚なのだ。淡白で柔らかく、臭みなどどこにもない。上品な味といっていい。

そして、ファストフードのフィッシュバーガーより、はるかに旨い。何しろすぐそばで波打っている琵琶湖で獲れたばかりなんだから、当然だろう。鮮度が違うのだ。

いつの間にか、僕は夢中でブラックバスを頰張っていた。

実はこのレストランには、他にもブラックバスのメニューがある。その一つが「バス天丼」というものだ。

これも試してみた。ご飯の上にブラックバスの天ぷらを載せ、たれをかけたものだ。これはこれで乙なものなのだが、なぜか僕にはタルタルソース付きのバスバーガーのほうが美味に感じた。やはり、ブラックバスはアメリカ産の魚だから、天丼よりもバーガーのほうが合うのだろうか?

ここで重要なのが、ブラックバスが日本に持ち込まれた理由である。

これは、もともと「食用」だったのだ。

現実に、原産地のアメリカでは、バスはフライ、バター焼き、ムニエルなどとして食べられている。

もっともあの国では、ナマズやザリガニなんかも喜んで食べられているので、あんまり信用できないかもしれない。

しかし、もともとブラックバスはスズキ目だ。だから、味もスズキに似ていると言っていい。フランス料理の高級食材としてよくスズキは使われるが、代わりにもっと安く手に入るバスを捌いてもいいくらいだ。

ただし、ブラックバスを刺身で食べることは、いかなる奇食好きもやめておいたほうがいい。淡水魚の宿命として、体内に寄生虫が棲みついている。生食には向いていないのである。

また、「ブラックバスは臭い」という固定観念があるが、臭みの因は皮である。これさえ取り除けば、清澄な白身魚の味覚を楽しむことができる。

ブラックバスのなれずしも

ブラックバスの食用化は、各地に広がりつつある。

たとえば、芦ノ湖周辺のレストランでも、バス料理を供している。また、滋賀県では小学校の給食にも登場している。愛媛県のみかんご飯といい、小学生はとにかくいろんなものを食わせられるものである。

さらに、先進的な調理法もある。

琵琶湖では、フナの発酵食品であるフナずしが有名だが、滋賀県守山市のレイクフード工房（残念ながら現在は廃業）では、ブラックバスとブルーギルのなれずしを製造販売しているのだ。ブルーギルとは、バスと同じくアメリカからの外来種で、日本元来の生態系を破壊していると指弾されている魚だ。

確かに、フナはいいがブラックバスをすしにしてはいけないという法はどこにもない。

琵琶湖のニゴロブナはバスの跳梁跋扈（ばっこ）により激減し、伝統のフナずしはいまや、下手すると一匹一万円もする高価な料理になっている。

だが、バスやブルーギルで作ると、百グラム四百円と、とてつもなく安くなるのだ。

しかし「ブラックバスずし」「ブルーギルずし」という名前だとあまりにも色気がないので、この工房ではそれぞれ「ビワスズキ」「ビワコダイ」と呼んで売り出している。

肝心の味は、バスは脂肪分がフナの半分しかないせいか、臭みが少なく、あっさりしているという。北米から侵入してきた暴れ者が、日本の料理界に暴れ込み、新たなる食文化を創造しようとしているわけだ。

ゼリーフライ（埼玉県行田市）

豆腐屋の怪

食べ物にしては、奇怪な名前だ。しかし、これが埼玉県の行田市（ぎょうだし）という町に実在し、そこではやたらと人気があるらしい。

あのプルプルしたゼリーを、わざわざフライにして食べるのか……そんなものが本当に実在するのかと、いくぶんワクワクしながら、この埼玉の片隅の町に向かった。

行ってわかったのだが、この行田という町は、とても宣伝に力を入れているところなのである。まず、JR行田駅を降りると、そこには「埼玉県名発祥の地　行田」と大きく書かれた看板が輝いていた。

道行く人に聞くと、これは要するに、行田市の南部に「埼玉（さきたま）」という地区があり、この地名が「埼玉」の発祥なんですよ、ということらしい。無茶苦茶ローカルな自慢なのだが、その真剣さは確実に胸に迫ってくる。

行田市がもう一つ売りにしているのが「ゼリーフライ」だ。町おこしをかけて、駅前の観光案内所ではゼリーフライを売る店を載せた地図を観光客に配布し、さらに自転車まで貸し出し、観光客の「ゼリーフライ屋めぐり」を激しく奨励しているのだ。僕も無料地図を一枚もらい、市の宣伝政策にしっかり乗せられて、自転車を借り受け、町の中に漕ぎ出した……。

ゼリーが入ってる？

確かに、町を走っていると、「ゼリーフライあります！」と喚く幟が、いたる所にはためいているのが分かる。

さらにそれに混じって、「フライ」「フライもあります！」と主張する幟もあった。この「フライ」とは何だろう……「ゼリーフライ」とは何の違いがあるんだろうか……と不審に思いながらも、「ゼリーフライあります！」と幟で絶叫する一軒の店に入ってみることにした。この店は、看板を見る限り、なぜか豆腐屋だった。

店に入ると、豆腐の並ぶカウンターの向こうからおばさんが出てきたので、「すみません、ゼリーフライありますか」と聞くと、「はい。一個百円ね」と、プラスチックケースに入れて、あっさり出してくれた。

それは、コロッケにそっくりの物体だった。しかしよく見ると、コロッケとは違い、表面にパン粉が付いていない。どちらかというとはんぺんのようにも見える。「ソースをかけて食べてね」という助言に従い、差し出されたソースを思いっきりつけて食してみる。

その味は、やはりコロッケに似ている。しかし、「旨みのないコロッケ」という感じなのだ。かなり脂っこく、中身は非常にもっちりとしている。そして、胃にずっしりと来るのだ。

ゼリーなど、どこにも入っていない。おばさんに聞くと、中身はおからにジャガイモ、ニンジン、ネギだという。肉は全く使われていなかった。

ゼリーフライとはゼリーを揚げたものではなく、「銭フライ」が訛ったもので、形が小判に似ていることからついた名前らしい。しかし、「銭フライ」とはものすごく露骨で即物的な名前じゃないか。なんだか、この町を流れる、ワイルドでざっくばらんな風に触れた気がした。

ゼリーフライの起源は、日露戦争の頃まで遡るという。大澤常八という当地出身の兵士が出征していた。この人が、中国で野菜まんじゅうを食べ、「これはうまいじゃないか！」と感動したらしい。そして戦いが終わり日本に帰ってきた後、野菜まんじゅうを自分なりにアレンジして作り上げたのがゼリーフライだ。

これを町中で売り歩くうちに、大人気になって広まっていったという。ただ、ちょっと前までは、行田市でも郊外に行くと誰も知らないほど、ローカルでハイエンドなグルメだったらしい。

フライの哀しみ

ゼリーフライを食べた後、ふたたび自転車を操り、先ほどから気になっていた「フライ」を食するために、「フライありまっせ」と主張する幟がたなびく店まで行く。

それはどう見ても駄菓子屋で、しかも「こんな店が今でも存在するんだなあ」と感心するほど、古めかしく味のある店だ。大きなテーブルがあり、チョコやら飴やらスルメやらの細々とした駄菓子が周りに無造作に置かれている。そしてたいていの駄菓子屋にセットとなって棲息している、七十歳くらいのおばあさんが一人静かに店番をしていた。

フライの値段は、何も入れないシンプルなモノが二百円。卵、ノリ、エビなどの具が希望でトッピングでき、すべての具を入れたゴージャスなフライが五百円である。ここはすべての具を入れた「フライ」を注文してみた。

駄菓子屋の王者

おばあさんは水で溶いた小麦粉を鉄板の上に薄く敷き、その上に卵やらエビやらを載せてしばらく焼き、さらにそれを二つ折りにした。そして、手に木の蓋のようなものを持ち、それで「フライ」をギュウギュウ押しつけていた。最後に、ソースを塗って出来上がりだ。

運ばれてきたフライは、見た目は完全に「お好み焼き」である。これはそんなに変な食べ物ではないな、と安心して口に運び始める。

確かに、味はお好み焼きに似ている。しかし食感がやたらともっちりしているのだ。お好み焼きに比べ、中身（主に小麦粉）がとてつもなく充実している。これは、おばあさんが徹底的にナベブタで圧縮してくれたからに違いない。

だから、とにかくお腹にたまる。先ほどゼリーフライを二つ食べた僕は、フライは半分も食べたあたりで満腹になってしまった。それでもわざわざ焼いてくれたものなので、ひたすら食べ進む。

なんでこんな食べ物が存在するのか。

まず、行田は江戸時代から足袋製造の盛んな土地だった。昭和十年ころには全国生産の八〇パーセントを占めていた。当時、数多くの足袋工場があり、女工さんで溢れていた。

彼女たちに人気だった食べ物が、「フライ」だったのだ。『女工哀史』の通りに、貧しくお金もなかったので、できる限り安くて、それでいてお腹にたまる食べ物を求めていたのだ。

フライがお好み焼きを凝縮した感じで、素晴らしく満腹感があるのも、女工たちのこんな切ない要請に応えるためだったのだろう。僕は、フライから立ち上る湯気の向こうに、女工たちの喜びや悲しみを見、そして彼女たちの囁きや笑い声を聞くような思いがした。

また、埼玉北部は昔から小麦や陸稲の産地だったので、フライのような粉もん文化が花開く土壌は、はじめから出来上がっていたと言える。

ゼリーフライは豆腐を作る際の廃棄物・おからを利用したもので、肉は本来入っていない。極めて質素な「ジャンクフード」という感じなのだ。

行田で花開いている奇食の文化は、どこまでもB級で、どこまでも優しく哀しい。

世界で一番臭い食べ物

シュールストレミング（スウェーデン）

科学で証明済みの異臭度

青かびチーズやフナずしなど、この世に悪臭を放つ食べ物は多い。しかし、中でも最凶最悪に臭いのが、これだと言われている。スウェーデンの缶詰「シュールストレミング」。現地の言葉で「酸っぱいニシン」という意味だ。ニシンを発酵させたものである。

臭いの強さは、数字できっちり証明されている。臭いを測定する「アラバスター」という機械で、数々の臭い食べ物を調べた結果を見ると、こうなる。

納豆は三五二、くさやは四四七、フナずしは四八六、ホンオフェ（刺激臭のする韓国のエイの発酵品）は二二三〇などと、そうそうたる顔ぶれが並ぶ中、シュールストレミングは八〇七〇である。まったくレベルが違うのだ。

缶詰の作り方はこうだ。まず、春に産卵期のニシンを獲って来て、樽の中で塩とともに一〜二カ月漬け込む。さらに缶詰で熟成させるのだ。

普通の缶詰なら、この段階で加熱処理をするので、内部の細菌は死滅し、発酵など起こらない。だが、シュールストレミングに限っては、加熱処理をせずほったらかしなので、異常乳酸菌がしつこく残存している。この発酵菌が嫌気の状態で、異様な臭気を放つのだ。

缶詰の解禁日は八月。この時期には首都のストックホルムで「シュールストレミング祭り」なるものが開催され、スウェーデン全土からこの缶詰の愛好家が集まり、食べまくる。逆に言えば、こういう祭りのノリで食べないと食べられない代物、と言っていいだろう。日本人がくさややフナずしを毎日喜んで食しているわけではないように、さすがのスウェーデン人も、日常的にシュールストレミングを楽しんでいるわけではないらしい。

だが、シュールストレミングを日本で手に入れるのは、極めて困難だ。

第一の理由は、缶詰の内部にガスが充満し、破裂する危険性があるため。気圧の低い飛行機には乗せられないからだ。機内でこの缶詰が爆発したら、辺りに臭気が充満し、阿鼻叫喚の地獄になるだろう。ドリアンを機内に持ち込むことが禁じられているのと同じである。

僕はこの臭い食品を手に入れるため、いろんな輸入業者に問い合わせてみたが、なかなか見つからない。やっと発見したのが、「ヤフーオークション」だった。ある日本人が密かにスウェーデンから輸入し、オークションで売りさばいていたのである。

これを七千円で落札した。しばらくして送られてきたのは、缶詰とは言いながら、内部で発酵してパンパンになった、見るからに異様な物体だった。

しかも、オークション出品者の手紙には、こう書き添えられてあった。

「たとえ食べられなくても、返金は一切いたしません」

「食べ物」を送ってきたはずなのに、これはないだろう。「食べられない食べ物」とは形容矛盾だが、この一文が、シュールストレミングの食品界における異常な地位を表している。

こころして開けよ

しかし、たかが缶詰のくせに、食べるのにこれほど面倒臭いものもない。缶には、こんな注意書きがあると言うのだ。

(1) 開缶する前に、缶詰を冷凍室で冷やしてガス圧を下げなさい。

(2) 開缶する人は、不用なもの（例えばいらなくなった雨合羽とか）を身にまとって下さい。

(3)家の中ではなるべく開けずに戸外で開けること。
(4)風下(かざしも)に人が居ないことを確かめてから開けなさい。(小泉武夫『不味い!』新潮文庫より)

これらすべての条件を満たす所といえば、僕の家の近くでは川のほとりしかない。

というわけで、二子玉川駅近くの多摩川河川敷に、友人と出かけた。

河川敷の芝生の上では、数組の若い母親と子供たちが、嬉しそうにお弁当を開いていた。

彼女たちのささやかな幸せを破壊しないように、自分が風下にいることを確認し、用意したレインコートを着込む。友人は離れたところから見ている。

そして、問題のブツを取り出し、一呼吸おいて缶切りを突き立てた。

プシュ! という音とともに、内部からピンクの液体が飛び散り、体に降りかかった。

だが、不思議なことに何の臭いもしない。なんだ、大したことないじゃないか……とちょっと残念に思っていたところ、いきなりグワンと来た。

それは、臭いという棍棒で殴られた気分だ。甘ったるく、濃厚で、とてつもなく重たい臭気。この世の邪悪なものをすべて集めて、ひたすら煮込んだような悪臭。言ってみれば、ショートケーキと大便を混ぜて一カ月ほど発酵させたような臭いなのだ。

息苦しくなるような臭気に包まれながら、缶を開けきる。中身はほのかにピンク色で、ブクブク泡が立っている。「本当にこれが食べ物か、こんなものを食べて大丈夫か！」というただならぬ気配がする。発酵が進みすぎているのか、ほとんどが液体で、わずかに骨と内臓が覗いているだけだ。

泡を噴く異臭物

嗅覚を変革する缶詰

食べるのは大変だった。そもそも人間の味覚は、かなりの部分が嗅覚に支配されている。鼻と口が内部で繋がっているという、人体の構造を考えればわかるだろう。風邪で鼻が詰まって、何を食べても味がしないといった経験をされた方は多いはずだ。

つまり、これほど臭いが強烈だと、臭い以外の味がしなくなってくるのだ。やたらと塩辛く、舌がピリピリ刺激されるのだが、やはり口の中は甘ったるく、重く、邪悪なエーテルに支配されている。

スウェーデン人はこれをパンに塗って食べると聞いたのでやってみたが、やはり臭すぎて、パンの味はまったくしない。結局完食できず、ほとんどそのまま捨ててしまった。臭気が半径十メートル辺りまで漂うので、捨てる場所を探すのにも一苦労だったが。結局、口に入れたのは僕だけで、友人は手に触れようともしなかった。

その後も、全身から邪悪な臭いが立ち上る気がし、何度も体を洗ったがなかなか取れず、シュールストレミングの思い出は数日は残った。

しかし、不思議なことが起こった。これを食した後の数日間、極めて臭いに敏感になったのだ。

ダイコンを食べると、仄(ほの)かに香る土の臭いがうるさく感じられたり、牛肉を口にすると、どことなく薬品臭がしてとても気になったりしたのである。

シュールストレミングは、人間の嗅覚を開く奇食だと言えるだろう。臭いのは臭いのだが、僕らが普段口にしている食べ物にも多かれ少なかれ臭いがあり、僕らはそれを都合よく忘れている、という事実に気付かせる教育的な食べ物なのだ。

これを「食べ物」と言えるなら、の話だが。

第4章

めずらしい飲み物

木々の生命をいただく

樹液（北海道美深町）

母にして森の看護師

樹液を飲むというと、まるでカブトムシかセミみたいに聞こえるが、私たちがホットケーキを食べる時には、たいていは樹液のお世話になっている。メープル・シロップだ。これは、サトウカエデの樹液を煮詰めたもの。これ以外で、最も広く飲まれている樹液は、白樺のものだろう。白樺の樹液は、ロシアや東欧、北欧、中国、韓国などで飲用にされている。日本でも、アイヌがタッニワッカ（白い肌の木の液）と呼んで飲んだという。また、これを加工したワインやビール、酢、シロップなども世界各地で製造されている。また、虫歯予防によいとされるキシリトールも、この樹液から作られたものだ。

北欧では、白樺は「母なる樹」「森の看護師」とも呼ばれ、この樹液を飲むことで様々な病気を治すという民間療法も行われている。

白樺は、非常に生命力の強い樹木だ。北国で山火事が起こった後、真っ先に芽生えるのはこの木だ。人類は、太古から白樺の強靭さを見せつけられて、その樹液を飲むことにより、強さのおすそ分けを願ったのだろう。幹に穴をあけてチューブを繋ぎ、瓶に貯めるという、極めて単純な方法をとる。一日に貯まるのは三リットルほどだ。冷蔵庫に入れても三日と持たないので、煮沸殺菌して保存することになる。

一家に一本、白樺の時代が来るか

　白樺の樹液は、ポーランドやフィンランドで商品化されている。日本でも、北海道などで手に入れることができる。僕は「森の雫」と称するものを買ってみた。

　蓋を開けると、かすかに「糊（のり）」のような匂いがした。しかし、ほのかな甘みのある水で、普通のミネラルウォーターよりも水質が柔らかく、まろやかだ。ものすごく美味しいわけではないが、ものすごくまずいわけでもない。「これ、ミネラルウォーターですよ」と言われて出されたら、ほとんどの人は何も考えずに飲んでしまうに違いない。

白樺の樹液は九九パーセントはただの水だ。しかし、残りの一パーセントに、ブドウ糖やアミノ酸、たんぱく質、そしてカルシウム、カリウム、マンガン、鉄、亜鉛などのミネラルが豊富に含まれているという。エコロジーや自然回帰がブームな昨今、そのうち山で白樺の幹に抱きついて、樹液をチューチュー吸い取ることが流行るかもしれない。

飲んではいけないものを飲む

イカスミジュース（名古屋市）

ドリンク界のコペルニクス的転回

「甘口イチゴスパ」「甘口マーボー丼」などで有名な名古屋の奇食喫茶「マウンテン」は、何も変な食べ物だけに命を懸けているのではない。

奇妙な飲み物の分野でも、きっちり業績を残しているのだ。

メニューを開くと、「ゴーヤとウコンのジュース」「マメイージュース」「大人のラムネ」「青い。コーラ」「赤い。コーラ」など、あんまり聞いたことがないドリンクがずらっと並んでいる。

しかし、その中で燦然と異彩を放っているのが「イカスミジュース」だ。

イカスミをパスタに絡めて食べることはよく知られているが、わざわざこんなものを「飲む」というのは聞いたことがない。生臭くないのか。ひょっとしたら、本来は食べるべきものを飲んでしまうという、料理界にコペルニクス的転回を巻き起こすドリンクなのかもしれない。

さっそく注文してみた。一杯三百円。高いのか安いのか、全くわからない。わずか数百円で、革命的ドリンクが試せると考えれば、安いのかもしれない。

見た目は笑ってしまうほど黒い。動物の「体液」を飲むというのはなかなか勇気のいるものだが、意を決して口をつけてみる。

とにかく、異様に甘いジュースだ。おしるこにガムシロップを大量投入した感じである。微かにイカスミの旨みが感じられないこともないが、それをガムシロップが覆い尽くしてしまっている。

そんなに不味くもないが、ここまで甘いと、うまいもまずいもないものだ。

イカスミ入りラムネも

イカスミはタコスミに比べアミノ酸が多く、旨みが強いことから、地中海ではパスタやパエリヤによく使われてきた。よくいう「セピア色」のセピアは、ギリシャ語で甲イカのこと。イカスミから作った黒茶色の絵の具のことをセピアといい、ここからセピア色という言葉が生まれたわけだ。

もともと、イカ墨は日本料理によく使われる素材ではないが、それでも結構用いられる地域はある。沖縄だ。

沖縄には、イカ墨にイカやブタの肉を入れて煮込む「イカ墨汁」なる料理がある。見た目はもちろん、真っ黒なイカ墨色だ。これも、初めて見た人は気味が悪いと思うだろう。イカスミジュースの先駆者はこれかもしれない。

さらに、北海道には「函館イカス！ミ　ラムネ」なる商品もある（残念ながら二〇二一年一月現在はない）。函館の㈱小原が一本二百円ほどで売っているラムネだ。これには、函館の指定魚であるイカの墨をわざわざ入れてあるわけだ。見事なまでに黒いラムネというのは、他になかなか例がない。

名古屋の誇る奇食喫茶店「マウンテン」

奇妙なドリンクは手を変え品を変え、どんどん世界を侵蝕し、広がっていっているようだ。

インド人もビックリ
カレーラムネ・わさびらむね（静岡県）

カレー粉がないのにカレーの味？

「静岡に変なラムネがあるんですよ」

とは前から聞いていた。

なかなか現地に行く機会はなかったのだが、たまたま静岡に立ち寄ることがあったので、町のスーパーでいろいろ探してみた。

そして、あったのだ。これか。「カレーラムネ」「激辛!!カレーラムネ」「わさびらむね」。

それぞれ百五十円ほどだった。早速買い込み、家に持ち帰った。

カレーラムネのパッケージには「インド人もビックリ!?」というコピーが躍っていた。中のビー玉を下に落とし、試飲する。

強烈なカレーの匂いがする。ただし、僕らが普段食べるカレーではない。子供の頃、駄菓子屋にカレーガムやカレーチョコレートなる変なお菓子があったが、あのチープなカレーの匂いなのだ。

奇妙なことに、カレーの味はほとんどしない。試しに鼻をつまんで飲んでみると、普通のラムネの味がした。

世界に先駆けるラムネの数々

原材料名を見ると、「果糖ぶどう糖液糖、酸味料、香料、カラメル色素」とあるだけで、どこにも「カレー粉」の文字はない。

要するにカレー粉は入っていないのに、匂いと雰囲気で、無理やり飲む者をカレーの雰囲気に陥れようとする商品なのだ。ここまで来ると芸術に近い。まあ、オレンジなんて全く入っていないくせに、堂々と「これはオレンジジュースですよ」と主張する飲み物も巷には存在するが。

「激辛!!カレーラムネ」は、パッケージに「インド人も辛れー!!」と書いてあるように、凶悪的に辛い。口の中を香辛料に激しく攻撃されて、とても全部は飲み干せない。パーティーの罰ゲームなんかにはいいだろう。

ちなみに、これの原材料にもカレー粉の文字はないが、「香辛料」とは書いてあった。ただしカレー粉ではなく「トウガラシ抽出エキス」を使っているらしい。

わさびらむねは、色こそ緑っぽいわさび色をしているが、ボトルに堂々と「わさびは使用していません」と書いてある。確かに、原材料にはどこにもわさびとは書かれていない。

かすかにわさびっぽい匂いがしないではないが、やはりわさびの味はしない。これも、わざわざわさび風味のラムネを作ろうとした、そのパイオニア精神に注視すべきなのだろうか。

キムチ風ラムネ／たこ焼風ラムネ……

このラムネを造っているのは、静岡県島田市の木村飲料という会社だ。調べてみると、ここはほかにも「うなぎコーラ」「岡崎味噌コーラ」「カレーパンサイダー」「あまざけコーラ」など、意表を突く商品をいろいろ造っていることがわかる。

カレーラムネが生まれたのは、社長の「これまでの飲料にない味を作ってみよう」という思いからだという。ただし、初めは社内でも反対の声は多かったようだ。先駆者は、いつも世の中から理解されないものである。

それまで地球上には、カレーとラムネを一つにしようとした者は、一人もいなかったに違いない。カレーラムネは人類史上初の飲み物だから、さぞかし開発に苦労したことと思うが、実は全くそうではなく、二、三回試作するだけで完成したという。まさに、奇食界に奇跡が起きたとしか思えない（excite. ニュース　二〇〇七年五月十七日〈インド人もびっくり「カレーラムネ」登場！〉https://www.excite.co.jp/news/article/00091179217629/ より）。

この新商品が発売されたのは二〇〇七年三月のことだ。これが意外なほど反響を巻き起こしたので、二〇〇八年一月から、「激辛カレーラムネ」を販売し始めたのだ。さわさびらむねは二〇〇六年四月に世に出たが、その二年後の二〇〇八年七月には、さらにわさびの刺激を強烈にした「辛口わさびらむね」も発売されている。

実は、カレーラムネだけではなく、日本では各地に「ご当地ラムネ」なるものがあって、いろんなところで奇妙なラムネが出現してきて、しのぎを削りあっている。

たとえば、北海道には「北海道限定うにラムネ」、白樺の樹液の入った「北海道しらかばラムネ」（二〇二一年二月現在は存在せず）があるし、大阪市には「みかん水ラムネ」「たこ焼風ラムネ」「キムチ風ラムネ」なるものも存在する。

ちなみに、公正取引委員会の見解によると、ラムネとは「玉詰びんに詰められた炭酸飲料」を意味するそうだ。つまり、この最低条件さえ守れば、何を入れてもいいわけだ。これからは、「ラクダラムネ」「イモムシラムネ」「フナずしとキビヤックのブルゴーニュ風ラムネ」など、どんどん爆発的な新商品が出てくることを期待したい。

（「カレーラムネ」「激辛!!カレーラムネ」の二つは二〇二一年二月現在はない）

幻覚を呼ぶ「飲む大麻」

アブサン（スイス・フランス・ドイツ）

地上から消滅した酒

アブサン――「緑の妖精」と呼ばれ、蠱惑的な緑色が美しいこの酒ほど、その名前が知られていながら、正体が知られていないものはない。それは、これが一度は地上から消滅した酒だからだ。

アブサンは、一七九〇年にフランス人医師のピエール・オルディネールの手によって生まれた。彼は、高濃度のリキュールの中に、古来から薬草として使われていたニガヨモギを加えることを思いついたのだ。酒の名前は、ニガヨモギの学名アルテミシア・アブシンチウムに基づき、「アブサン」と名づけられた。

アブサンは、十九世紀末のヨーロッパの退廃的な雰囲気の中で、爆発的に流行した。ニガヨモギの中にはツヨンという成分が含まれていて、これが人々を高揚させ、感覚を鋭敏にしたのだ。

実際、ツヨンの化学成分は大麻の成分THCに似ていて、大麻と同じ中枢神経のレセプターに働きかけるとされている。

芸術家は、いつも空想と幻覚を求める。ゴッホ、ピカソ、ワイルド、ボードレール、ゴーギャン、ヘミングウェイ、ロートレック、ヴェルレーヌなど、錚々たる芸術家がこのアブサンに耽溺し、インスピレーションを得、幻想的な作品を生み出した。

早熟の天才詩人アルチュール・ランボーの有名な詩「Aは黒、Eは白、Iは赤、Uは緑、Oは青、おお母音よ！」（「母音」堀口大学訳）は、アブサンの幻覚とも、大麻の幻想とも言われている。またランボーは別の詩の中で、この麻薬的な酒を、こう称賛している――「行こう、巡礼者たちよ……緑の柱に囲まれたアブサンの宮殿へ！」（「渇きの喜劇」堀口大学訳）。

しかしこのリキュールは、精神錯乱や狂気をもたらすということで社会問題になり、二十世紀に入るとほとんどの国で禁止されてしまった。ゴッホが左耳を切断したり、遂に自殺したのは、アブサンによる錯乱のせいだという説もある。

幻想に火をつけるリキュール

だが一九八一年になって、WHO（世界保健機関）はツヨンの濃度が十ppm以下のアブサンに限って、製造を許可した。この幻の酒は、ふたたび幻想と夢遊を愛する者の手に戻ってきたのだ。日本でも今では、大きな酒店やインターネットで手に入れることができる。

また、現在ではアブサンの有害性を疑問視する声が多い。問題は、強いアルコール度数の酒を飲み過ぎるということなのだ。

蠱惑的な輝きを放つ緑の美神

アブサンのアルコール度数は七十度近くもあり、味も苦いので、水で割り、角砂糖を入れて飲むことが多い。水を注ぐと、魔法のように白く濁っていく。

その酔いは、明らかにほかの酒とは違う。奇妙な浮遊感があり、グラスを傾けるにつれ、僕の心と体は浮かび上がり、全身が星空に包まれるような感覚を覚えた。そして、その時部屋に流れていたギター音楽の音の一つ一つが輝き、ふくらみ、花びらのように咲き乱れるのを見たのだ。

そういえば、この酒を「飲む大麻」と呼ぶ人々もいたのだった。

アブサンは、人々の心の中に眠る美神（ミューズ）にささやき、寄りそい、生命を吹き込む酒なのだろう。

第5章

不思議なデザート

「夜のお菓子」のホープ
ふなずしパイ（滋賀県守山市）

大人向けの「夜のお菓子」

「ご当地パイ」なるものが全国にある（いま僕が命名したのだが）。地元の名産品を、無理やりパイの中に練り込んだお菓子だ。浜松のうなぎパイ、名古屋のきしめんパイ、姫路のあなごパイなどがその例だ。

そして今、琵琶湖周辺で静かな大ブームを引き起こしている商品がある。それが、守山市の「ふなずしパイ」だ。

フナずしといえば、琵琶湖のフナを江州米と一緒に漬けこんで発酵させた、臭いことで有名ななれずしだ。

だいたい、本能寺の変を引き起こしたのは、フナずしだったという説もある。明智光秀が織田信長の命を受けて徳川家康を安土城でもてなした時、思わずフナずしを出してしまった。その臭いを嗅いだ信長が、「こんな腐ったもの食えるか！」と光秀を激しく罵倒した。これを恨みに持った光秀が、後に本能寺で信長を襲ったのだ……という伝説が生まれるくらい、凶悪な臭いを放つ発酵食品だ。

そのフナずしが、現地でいつの間にかお洒落なパイになっていたというのである。

このパイを開発したのは、ＪＲびわこ線守山駅から徒歩五分ほどの「モンレーブ」という洋菓子屋だ。

微かにフナずしの香りが……

明るくモダンな店内のショーケースには、色とりどりのケーキが並んでいる。ここで「ふなずしパイ」はひっそりと売られている。

僕もさっそく購入してみた。一枚百円だった。フナずしは、いまや一人前一万円を超えることもある高価な料理なのに、このパイはなかなかお手ごろだ。

味は、チーズ入りのパイに似ている。チーズも発酵食品だから当然かもしれないが、こちらのほうが遥かに酸味が強い。脳天までツーンと刺激が来るほどだ。そして、微(かす)かにフナの発酵臭もする。

そして、砂糖を使っていないらしく、まったく甘さがない。ワインやビールに合うかもしれない。

これは、大人向けのお菓子だろう。うなぎパイと同じく、「夜のお菓子」と言っていいのかもしれない。

時代を先駆けるデザート

この新しいお菓子が生まれた過程は、次のようなものだ。

二〇〇一年に、守山市の商工会議所が音頭をとって、一店逸品研究会「キバローゼ」が発足した。地元の商店が、一店につき一つ新しい商品を生み出そうという運動体だ。

そこで、有名だが「臭い」という理由で敬遠されているフナずしを使って何か作れないか、と考えたわけだ。これが、ふなずしパイの始まりだ。ヒントになったのは、やはりあの「うなぎパイ」だったという。

モンレーブの社長が開発に乗り出したのだが、すぐに色々な難問にぶち当たった。

最大の難関はやはり「悪臭」だった。お洒落なケーキ屋さんに入った途端、辺りにフナずしのカントリーな臭いが立ち込めていたら、せっかくの雰囲気が台無しだからだ。

この問題を、フナずしを電子レンジにかけ、水分を飛ばすことで解決した。これを骨のついたままミンチにして、生地に練り込んで焼き上げるのだ。

そして半年もの試行錯誤の末、二〇〇二年二月に見事にふなずしパイは完成、発売されたのだ。

うなぎパイだって、今ではあまりにポピュラーな土産物だが、発売当初は「奇食」と思われていた。その証拠に、昔は『ＶＯＷ』（宝島社の、世の中の変なものを集めた本）に載っていたほどなのだ。先駆者は、いつの世も迫害されるものである。

今は奇妙奇天烈（きてれつ）に見えるふなずしパイも、いつか国民的なスナックになり、一家に一箱常備される日が来るかもしれない。少なくともそう考えておいたほうが、世の中は楽しいというものだ。

もったいない！　の精華

まんじゅうの天ぷら（福島県会津地方）

イナゴや干し柿も天ぷらに

誰が言ったか知らないが、「会津三大うまいもの」なるものがある。それは、ぼうたら（タラを棒のように乾燥させたもの）の甘露煮、みそ田楽、そしてもう一つが「まんじゅうの天ぷら」である。

これを、よくそこら辺で売っている「揚げまんじゅう」と混同して「大して珍しくないな……」と侮(あなど)ってはいけない。文字通り、あんこ入りのまんじゅうに衣をつけ、油で揚げたものなのだ。エビやナスの天ぷらと本質的に同じである。

しかも単なるお菓子ではなく、醤油をつけて「おかず」としても食べるのだ。想像するだけで戦慄した人もいるかもしれない。だが、会津地方では昭和の初期から食べられている普通の食べ物である。

会津は昔から菜種の産地であり、天ぷらがよく食べられていた。この地方は、目に触れるものはなんでも天ぷらにしてしまうという傾向が強いようだ。まんじゅう以外にも、よく食べられるタネとして、イナゴやスルメ、納豆、干し柿まであるのだ。その一環として、「まんじゅう」があるにすぎない。

この地域では、盆にまんじゅうを供える習慣があった。しかし、長い間まんじゅうを外に放っておくと、傷んでしまう。現代人の感覚なら、腐ったまんじゅうなど燃えるゴミの日に出せばいいのだが、昔の会津では考えられないことだったのだ。

だいたい、江戸時代には、砂糖は薬屋で売っていたと言われる。非常な贅沢品だったのだ。

貴重な砂糖を使ったまんじゅうは豪勢な食べ物で、盆以外ではお目にかかれないハレの食べ物だった。

だから、傷んだまんじゅうを油で揚げ、殺菌していただいたのだ。

「そばに入れたらうまいぞ」

僕がまんじゅうの天ぷらに出会ったのは、豪雪に見舞われた会津若松の食堂だった。天ぷらがメニューにあり、エビ、シシトウ、タマネギなどと並んで、堂々と「まんじゅう」が提供されていたので、思わず頼んでみたのだ。

見た目は、丸いまんじゅうにしっかりきつね色の衣がついていて、そのまんまであ

意外とあっさりした甘さ

る。

当たり前だが、かなり脂っこい。しかし不思議なことに、天ぷらにすることによって、あんこの甘味が非常にまろやかになっているのだ。それほどしつこい料理ではない。

僕が一人で天ぷらまんじゅうと格闘していると、隣のテーブルから様子をじっと見ていたオヤジが、いきなりこう言った。

「それ、そばに入れたらうまいぞ」

そばに？　意表を突かれたが、オヤジがしきりに勧めてくるので、新たにかけそばを注文し、中に天ぷらまんじゅうを入れてみた。

すると、あんことそばのつゆがさらっとなじみ、より爽やかな味になった。

新しい味覚だ。

そして食していると、あんこがそばつゆの中に溶け込んでくる。最後には、「あんこ入りの甘ったるいそばつゆ」という奇怪なスープを飲むことができるのだ。

実を言うと、まんじゅうを天ぷらにして食べる地域は、会津だけではない。他にも、岐阜県の飛騨地方、そして長野県の伊那地方などでも見られる。

それにしても、また「伊那地方」である。この地域は、ザザムシにはじまり、ハチの子、おたぐり（馬の腸の煮込み）など、とにかく変わった食べ物はなんでも食ってみないと気がすまない所らしい。

しかし、遠く離れた会津と伊那で、なんで同じ風変わりな食文化が息づいているのだろうか。俗に言われている説が、こうである。

江戸時代に、信濃国伊那郡の三万石の高遠藩主だった保科正之が抜擢され、山形藩二十万石を経て、二十三万石の会津藩へお国替えした。正之が徳川家光の異母弟であることが判明したからという。その時、領内の農民や町民も一緒に連れて行ったため、ついでに「まんじゅうの天ぷら」も一緒に移植されてしまった、というのだ。

また、飛騨地方や岩手県西和賀町などには、「ビスケットの天ぷら」なるものも存在する。「アイスクリームの天ぷら」なる商品もあるから、とにかく食べられる物なら、なんでも天ぷらにするのが、奇食愛好家の生きる道なのかもしれない。

本物の肉で勝負
みそカツ丼アイス・親子丼アイス（名古屋市）

奇食の楽園にて

変わった食べ物の取材を始めてから、名古屋にはずいぶんとお世話になった。どういうわけか、伝統的な奇食は信州に多いが、新しい奇食は名古屋周辺に多いのだ。本書でも、甘口イチゴスパやパイナップル茶漬けなどを取り上げたが、これもまた中京圏のメニューである。

地下鉄名城線の志賀本通（しがほんとおり）駅から歩いて六分のところに、「茶っきり娘」というアイス屋がある。ここは、奇妙なアイスクリームを続々と開発して、商品化していることで知られている。

「いちごアイス」「黒ごまアイス」など普通っぽいものも並んでいるのだが、「アールグレイ紅茶アイス」「八丁味噌アイス」あたりから様相が変わり始め、そのうち、「みそカツ丼アイス」「ひつまぶし丼アイス」「親子丼アイス」「きしめんアイス」「手羽先

みそカツ丼アイス。甘ったるい味噌の香りがたまらない

アイス」など、聞いたこともないデザートが姿を現す。

これらのアイスのすごいところは、すべて「本物」が入っていることだ。

つまり、たとえば「みそカツ丼アイス」には、きっちりと本物の味噌カツが載っているのだ。味噌だれまで正式にかかっている。

よく冗談商品として、お菓子でカツや餃子を模造しているものがあるが、この店はそんなせこいことはしない。あくまで「本物」で勝負してくるのだ。

しかし、この「みそカツ丼アイス」、アイスの上に本物の豚肉が載っているというだけで、なぜだか体が緊張する。

そして、味噌の甘さに呆然とする。アイスよりもはるかに甘い激甘ぶりだ。

口の中で超甘味噌とアイスと豚肉が渾然一体となり、訳のわからない世界が現出する。しかし、「甘い豚肉」はあまりに斬新すぎる。

このアイスにはちゃんと米が練り込まれていて、豚肉もマイナス三十度の世界でも柔らかく頂けるように工夫されているという。味噌だれはアイス用に開発されたオリジナルだ。この製品は愛知万博の年（二〇〇五年）に登場したという。

「親子丼アイス」も同じように、アイスの上に本物の卵、鶏肉、グリーンピース、刻みのりが凍りながら載っている。鶏肉と卵はほとんどカステラなみの甘さだ。

「手羽先アイス」も、本物の手羽先を刻んでアイスに入れている。この作品はイギリスのBBCやオランダ国営放送でも取り上げられ、'Chicken wing ice' として世界に紹介されたという。たぶん、イギリスやオランダの善男善女は、日本人は毎日、手羽先アイスを食べて生きていると思っているにちがいない。

すべての食べ物はデザートへ進化する

このアイスの斬新さは、もちろん「普通の食べ物を激甘にしてしまう」ことにある。しかし、名古屋の味噌カツは、どこで食べてもたいてい甘い。だからこれも、現地の食文化の延長線上に立っているデザートと言えなくもない。

そして重要なことは、「日本の料理は年々甘くなっている」ということだ。

親子丼アイス。カステラなみの甘さ

前に、二百年前の江戸前ずしを忠実に再現したものを食したことがある。その素っ気なさには唖然とした。甘みがまったくないのだ。これを食べると、現代の握りずしがいかに砂糖を多用しているかがわかる。

江戸時代には、砂糖は薬屋で売られるくらいに貴重だったから、そう簡単には使えなかったのは当たり前だ。時代とともに砂糖の価格も安くなっていき、いろんな所で手軽に使われるようになった。最近では、「これデザートじゃないの」と思うほど甘ったるいカツ丼や親子丼に出会うことがある。

つまり今、料理はお菓子へとどんどん「進化」しているのではないか。今から数百年後には、食事とデザートの境界はなくなっているかもしれない。

その時、「みそカツ丼アイス」「親子丼アイス」は、その先駆的存在として高く評価されている……可能性もちょっとはあると思う。

（二〇二一年一月現在、茶っきり娘のウェブサイトは閲覧できず、電話もつながらない。再興を望みたい）。

超現実的なカオス

納豆コーヒーゼリーサンド（三重県鈴鹿市）

前衛芸術のようなデザート

デペイズマン（dépaysement）という言葉がある。

フランス語で「異質なものを衝突させる」という意味だ。これは、二十世紀初頭に興った前衛芸術運動であるシュルレアリスム（超現実主義）のスローガンになった言葉だ。

その有名な実践例が、ロートレアモン伯爵の散文詩『マルドロールの歌』にある、次の一節だ。

「彼は十七歳と四か月……ミシンと洋傘との手術台のうえの不意の出逢いのように美しい」（『マルドロールの歌』栗田勇訳、角川文庫）

この鮮烈で意表をついた詩句は、新しい美と戦慄を芸術にもたらしたものとして、当時の前衛芸術家たちに熱狂的に支持された。

納豆が華麗に糸を引いている

さてここに、「食パンの中で、納豆とコーヒーゼリーと生クリームが出会った」食べ物がある。三重県鈴鹿市に本店がある「鞍馬サンド」というお店の商品だ。

お洒落なカフェスタイルのお店で、ショーケースに並べられているサンドイッチを、店内のテーブル席で食べられるようになっている。そしてここで売られている商品が、一味違うのだ。「キムチサンド」「プリン・アラモードサンド」「ブルーベリーチーズサンド」「ごぼうサラダサンド」「カステラサンド」。

……こういう一風変わったモノが並ぶ中、燦然と輝きを放っているのが「納豆コーヒーゼリーサンド」だ。

よく見ると、断面に納豆が妖しい輝きを放っている。あまりのインパクトに、思わず買って食してみることにした。

奇跡の誕生秘話

この「納豆コーヒーゼリーサンド」には誕生秘話があり、これがなかなか感動的である。

鞍馬サンドのスタッフはとても研究熱心で、日夜新しいメニューの開発に勤しんでいる。

ある時、スタッフが「甘いものが食べたいな……」と思い、冷蔵庫から生クリームを取り出そうと思ったら、なぜか「納豆」が転げ落ちてきた。

普通の人なら、

「冷蔵庫にいろいろ詰め込みすぎたな。えい、面倒臭いなあ！」

と納豆を奥に押し込んで終わりだろう。

だが、鞍馬サンドの人は違った。

「ひょっとして、生クリームに納豆を混ぜるとうまいんじゃないか……」

と思いついたのだ。

そして日々研究と研鑽を重ね、ついに件の「納豆コーヒーゼリーサンド」の完成に至ったという〈ホームページ【ファンキー通信】魅惑の「納豆コーヒーゼリーサンド」とは?〉https://news.livedoor.com/article/detail/1190173/ より)。

ニュートンは、リンゴが樹から落ちてくるのを見て、万有引力の法則を発見したという。鞍馬サンドの人は、納豆が冷蔵庫から落ちてくるのを見て、「納豆コーヒーゼリーサンド」を発明したわけだ。常に目を開き、辺りに注意を払えば、偉大な発見にたどり着くことを、この逸話は教えてくれる。とりあえず、これから冷蔵庫を開ける時は、何が落ちてくるか注意して見ることをお勧めしたい。

さて、納豆コーヒーゼリーサンドを食してみた。

セロハンを剝がすと、納豆がネチャーと糸を引いてきた。通常のサンドイッチならありえない現象で、ちょっと腰が引けてくる。食いちぎると、納豆がしっかり糸を引いてくる。モサモサした納豆の食感。そして口の中にコーヒーゼリーの気高い香りと、濃厚で土着的な納豆の匂いが、渾然一体となって広がるのだ。

とてつもなくシュールでカオスな味である。まあ、納豆が好きな人には美味しく食べられるだろう。

聞くところによると、これは既成の納豆やコーヒーゼリーを適当に詰め込んだものではなく、華麗なる具材は、すべてこのサンドイッチのために作られたオリジナルだという。

ある日突然、納豆とコーヒーゼリーと生クリームを一緒に食べたくなったら、試してみるのもいいだろう。アヴァンギャルドな芸術家の魂を持った方には、お勧めしたい一品だ。

地球で最も甘い菓子

バクラヴァ（トルコ）

砂糖は麻薬なのか

「わが国に、世界で一番甘いお菓子がありますよ」

口髭を蓄えたトルコ人の男が、にやりと笑った。

その夜、僕は数人の友人と、東京のとあるトルコ料理店にいた。壁に煌びやかなトルコ絨毯の映える店内で、ケバブ（焼肉）やピラウ（ピラフ）などを一通り食べた後で、ではデザートでも行くかということで、メニューにあった「バクラヴァ」なるものを頼んだのだ。

みかけは、アップルパイにそっくりである。違いは、大量のシロップをしつこく染み込ませている点だ。

口に入れると、ねっとりとした蜜が舌に絡みつく。

確かに甘い。下手すると脳天に響くほどだ。

「これちょっとやばいんじゃないの。もはや甘さの域を超えてるよ」

「麻薬的な甘さね……」

僕らは口の周りを蜜でベトベトにしながら、そんなことを言いあっていた。

トルコ料理は、よく世界三大料理の一つだと言われる。残りの二つは、フランス料理と中国料理らしい。

といっても、誰がこんなことを言い始めたのか、誰も知らない。中には、トルコ料理を除外し、日本料理やイタリア料理を入れて「これぞ世界三大料理」と称している者もいるから、訳がわからない。

だいたい、こう言う「三大○○」というのは、別にユネスコなどの権威ある機関が決定しているわけではなく、なんとなく「言われている」だけなので、いい加減なものだ。一説によると、有名なものを二つ挙げ、残りの一つに自分のところのものを入れれば「三大○○」が完成するらしい。

たとえば、世界三大美女としてクレオパトラ、楊貴妃、小野小町が挙げられるが、これら三人に実際に会って、その美貌を比べたことがある人がいたら、ぜひ一度話を聞いてみたいくらいだ。

それはともかく、トルコといえばイスラム文化圏である。

イスラムといえば、暑苦しい髭面のオヤジたちが、大量に街を闊歩していて、女た

見かけはアップルパイに似ているが……

ちはみんな家に引きこもって影も形も見えない、というイメージが強い。そんな地域で、「世界で一番甘い菓子」が熱愛されているというと、なんとなく奇妙に聞こえる。実際現地に行くと、いかつい髭オヤジたちがチャイハネ（喫茶店）に座り、嬉しそうにバクラヴァにむしゃぶりつきながらチャイ（紅茶）をすすっている光景をよく見かける。

だがよく考えてみると、それほど奇妙でもない。

イスラムでは酒が厳しく禁じられている。だから、本来アルコールへと向かうべき人間の欲望が行き場を失い、激甘の菓子の方向に向かっているのではないか。

アルコールは人間の精神を変容させるドラッグの一種だが、砂糖もまたそうである。たとえば、プリンストン大学のバート・ヘーベル教授のラットを用いた研究によると、砂糖を摂取すると脳内にドーパミンが放出され、快感を生み出す。これは、コカインやヘロインの作用と同じである。さらに、砂糖にはコカインやモルヒネなみの依存性や習慣性があることも明らかにされているのである。太るとわかっていても、甘いものがやめられない理由がここにある。

いかなる文明にも、陶酔と非日常の瞬間が必要だ。トルコにおいては、その役割を甘い菓子が担っているのではないだろうか。

ちなみに、イスラムでは確かにアルコールはタブーだが、大麻に関しては寛容であることが多い。やはり、トリップする時間が求められているからだろう。

甘味が人間を支配する

トルコにおいては、長い間甘いものが激しく珍重されていた。

オスマン・トルコのメフメット二世の治世のとき、歳出の第一位が「砂糖」だった。トプカプ宮殿には、「甘味所」なる独立の部署があったほどだ。また、オスマン帝国においては、すでに十九世紀に、お菓子専門の料理書が出版されているのだ。料理の本自体が大して多くないにも拘わらず、だ。

そして、甘いお菓子の最高級のものがバクラヴァである。

バクラヴァはアラビア語で木の実を意味する「ビコウル」から来ている。トルコだけではなく、中近東やコーカサス、バルカン半島で広く見られるお菓子だ。実は、世界の五分の一の地域でこの甘味が食べられているというデータもある。

すでに紀元前八世紀に、アッシリア人がダマスカスでバクラヴァを作っていたという記録がある。これをオスマン帝国にもたらしたのは、ギリシャの商人である。

この菓子は、オスマン帝国においてはハレの日のご馳走でもあった。断食月（ラマダン）の十五日になると、王は宮廷に兵士たちを招き、バクラヴァを与えたという。つまり、兵士たちの歓心を買い、忠誠を誓わせるための道具としても使われていたといっていい。

ちなみに人間にとっては、菓子は欠くことができないもののようだ。たとえば、日本の刑務所においても、受刑者たちは甘い物を激しく求めているという。そこで大人気なのが「トローチ」だと言われるほどだ。たとえ罪を犯して悔い改めていようとも、人間は穴倉の中で甘味を求めざるをえないのだ。

バクラヴァは、何層にも薄いパイ生地を折り重ねた中に、細かく砕いたピスタチオ、クルミ、ナッツなどをはさみ、上から激甘のシロップをかけたものである。シロップにはハチ蜜や砂糖、レモン汁が使われる。

もっとも地方や作る人によって、味は大きく変わる。トルコ人によると、世界で一番うまいバクラヴァが食べられるのは、トルコの東部にある都市ガズィアンテプだという。

不思議なことに、このスイーツはなぜかアメリカのテキサス州でも大人気なのだ。これは、十九世紀にチェコ移民がテキサスに伝えたものらしい。確かにバクラヴァとアップルパイは見た目が似ているし、甘いパイ菓子であることも同じだから、アップルパイを激賞するアメリカ人には、受け入れられやすいのかもしれない。

古代アッシリアに生まれた甘い誘惑は、今や全世界を覆い尽くそうとしている。

世界一まずい飴か?
サルミアッキ（フィンランド）

酸っぱいゴムの味

異文化というものは、なかなか理解しづらいものだ。しかし、北欧のサルミアッキほど、了解不可能な食べ物も珍しい。一部で「世界で一番まずい」と噂されているキャンディである。

もっとも、そんなことを言うと北欧人に怒られるだろう。現地では大衆的な人気を誇る飴だからだ。どこに行ってもサルミアッキは売られているし、箱のデザインがバスのラッピングになったり、ジャケットやTシャツにされるほど愛されているのだ。だが、日本ではまずお目にかからない。周りにも、食べた人はおろか、名前すら知っている人が見当たらない。

僕も、実際に口にするまでは甘く見ていた。

僕が手に入れたのは、フィンランドのFazerという会社の製品だった。

箱を開けると、真っ黒な物体が転がり落ちてきた。まるで石炭である。本当に食べ物なのか。

いぶかりながらも、口に入れてみる。

とたんに、強烈なアンモニア臭が鼻を突いた。甘みはまるでない。今まで感じたことがない味覚である。言ってみれば「酸っぱいゴム」といった感じなのだ。

我慢してなめていると、アンモニアの刺激がどんどん強くなってきた。口の中に唾液が異常に溜まってくる。まるで、全身の体液が逆流するような感じだ。

そのうち、何か異様で不気味な感覚に打たれた。そして、慌てて流しに行き、キャンディを吐き出してしまったのだ。

「このままなめ続けると人間でなくなるんじゃないか。別の世界にトリップ

現地では大人気

味はゴム、姿は石炭

してしまうんじゃないか」

という恐怖すら覚える味だったのだ。それは、まったく自分の味覚体系にない、異次元の味だった。目の前に宇宙人がいきなり現れ、宇宙語でまくし立てられているのと同じくらい、理解も了解も不可能だったのである。

北欧は奇食の宝庫？

何度も水でうがいし、しばらく舌を休めて、ようやく正気を取り戻した。そこで、このキャンディの謎について調べてみる。

サルミアッキ（salmiakki）とは、フィン語で「塩化アンモニウム」という意味らしい。まったく食欲をそそられない名前だが、アンモニア臭を感じたのは正しかったわけだ。

このキャンディにはリコリス（甘草の一種）も入っている。実は、リコリスの入ったお菓子はヨーロッパやアメリカで大人気で、あちこちで売られている。しかし、「塩化アンモニウム」入りが愛されているのは、北欧諸国と、なぜかオランダだけである。

フィンランド人のサルミアッキ好きは、なかなかすさまじい。キャンディだけではなく、サルミアッキ入りのアイスクリーム、コーラ、さらには「豚肉」までもあるのである。どれもこれも、コールタールのように真っ黒になっている。

中でも素晴らしいのがサルミアッキ入りのウォッカで、これはサルミアッキの強烈な味ゆえに、酒の風味が失われている。ジュースみたいな感じなので、際限なく飲めてしまい、危険だということで、一時は販売禁止にまでなってしまった。だが、フィンランド人の熱い要望により、見事に復活したらしい。

どうもいろんな話を総合すると、サルミアッキには麻薬的な要素があり、一度好きになるとやめられなくなってしまう性質があるようだ。あんまり理解したくない心情である。

しかし北欧は、スウェーデンのシュールストレミング（一七七ページ）といい、フィンランドのサルミアッキといい、私たちには理解不能な奇食の宝庫のようだ。どこか、根本的に味覚が日本人と違うのだろう。

ここで思い出したことがある。

フィンランドは、珍名の宝庫なのである。この国の人の名前は、日本人が聞くと、なぜか変に聞こえるのだ。

たとえば、アホネン、パーヤネン、ウコンマーンアホとかいう人がいる。ほかにも元首相のエスコ・アホとか、ボクシングのアシカイネン、元駐日大使のアホカス、アイスホッケーのヤリ・クリ、乗馬選手のピーア・パンツなどがいる。ヤーナ・アホ、ヘンナ・アホ、パンツ・ミルカという女性も実在する。

だが、こういう名前を笑ってはならない。僕らの名前だって、どこかの外国人が聞いたら、爆笑ものかもしれないからだ。異文化を理解するのはなかなか難しいが、フィンランドと日本の関係は、なかなかスリリングで楽しそうである。仲良くしたいものだ。

人類最古の菓子
ハチの巣（ニュージーランド）

スローフード界の次期スター

子供の頃に読んでいた絵本に、クマが甘いハチの巣を取って来て、うまそうに食べているシーンがあった。それを見て、なんだか羨ましく思った記憶がある。

少し大きくなってから、本多勝一氏の『極限の民族』（朝日新聞社）を読んでいると、ここでもニューギニアの高地人が、ハチの巣をそのまま食べている場面があった。これにも、そこはかとない憧れを抱いたものだ。

たぶん、人類が最初に食べたスイーツは、ハチの巣だったのではないだろうか？後に、世界ではけっこうハチの巣が食べられていることを知った。オーストラリアやニュージーランド、ヨーロッパ、アメリカなどに行くと、時々スーパーでハチの巣が瓶に詰められて売られている。日本でも、一部の養蜂場が分けてくれることがある。

僕が試してみたのは、ニュージーランドのものだった。

とろける蜜が官能的だ

ハチの巣は、透明な蜜の輝きと、幾何学的な形がとても優美だ。

微かに生臭さはある。口に入れると、上品でまろやかな甘みが広がっていく。それとともに巣の壁が、まるで夢のように儚(はかな)く崩れ去っていくのだ。

なんという繊細で典雅なデザートだろう。

このハチの巣は、パンにバターと一緒に塗りつけたり、そのままクラッカーに載せたり、いろんな楽しみ方ができる。

ハチの巣の正体は、蜜と「蜜蠟」だ。

ミツバチは花から蜜を吸うと、体内の酵素でそれをハチ蜜に変化させる。ハチ蜜とは、花の蜜そのままではないのだ。

さらに、ハチは体内で蜜を蜜蠟に変化させ、それを腹部から分泌して、自分たちの巣を作り上げる。

太古の人々は、ろうそくを蜜蠟から作っていた。現在では化粧品や薬品、ガム、ワックス、クレヨンなど、色々なものに使われている。

そして、蜜蠟にはプロポリスが含まれている。

プロポリスとは古代ギリシャ語で「砦を守るもの」の意味だ。フラボノイド、アミノ酸、ミネラルが豊富で、太古から抗菌作用があるとされていた。ギリシャ人やアッシリア人はケガや火傷の治療にこれを使ったと言われる。

また、プロポリスは強壮剤としても珍重されてきた。そういえば、英語で honey pie と言えば、女性器を指す隠語でもある。ハチ蜜と性は、どこかで密かに手を結んでいるのかも知れない。

スローフードがもてはやされる今、ミツバチが長い間かけて作り上げたこのスローフードが、人気を呼ぶ日は近いかもしれない。

第6章　幻の珍グルメ

味噌汁の具にどうぞ

紙（日本）

奉書紙は体にいい

私たちがよく食べるゴボウは、紛うことなき奇食だ。これを食べるのは日本人以外にはほとんどいない。

第二次大戦中に、日本兵が外国人捕虜にゴボウの料理を出したら、木の根を食わせるのは虐待だとして、戦後この日本兵が処罰されてしまった……という話があるほど、珍しい食べ物なのだ。

ゴボウは、ほとんどが繊維質のセルロースで出来ているので、人間には消化できない。なにも吸収せずに流れ出てしまうので、食べても何の役にも立たないはずだが、その一方で食物繊維は腸内を掃除し、消化器官を活性化させるのだから、まったく無意味なようでも、ちゃんと体の役に立っているわけだ。

似たような奇食はまだある。一七六四（宝暦十四）年の『料理珍味集』には、

「紙」を料理して食べるというレシピが載っている。「目くり餅」という名前の一品だ。

作り方は、まず奉書紙を三日ほど水に漬け、柔らかくしてからよく叩き潰す。それに葛を合わせて味噌汁でこね、適当なサイズに切って味噌汁で煮るという。

これを夏の土用の日に食べると、一年中病気にかからないというのだ。確かに奇怪な料理だが、この世には土を食べる人々もいるので、この程度は許容範囲かもしれない。奉書紙はコウゾの樹皮繊維が主原料だから、これもゴボウを食するのと同じように、食物繊維を摂るという意味合いがあるのだろう。

この料理を紹介した小泉武夫氏は、当時の日本人は意識的に食物繊維を取り入れ、腸内の掃除をし、便通を良くしようとしていたのだと分析している（『奇食珍食』中公文庫）。

ただし、これは奉書紙だからいいわけで、うかつに身近なコピー用紙で「目くり餅」を作ってはいけない。最近の紙には、蛍光塗料や色々な薬品が入り込んでいるので、ヤギすら食べないと言われているのだ。いくら変わった食べ物が好きでも、そこまで冒険する必要はないのである。

不思議の国のアリスもお気に入り
毒キノコ（長野県・宮城県）

殺虫剤を喰らう

猛毒を持つフグの卵巣を食べる文化を紹介したが、毒キノコをわざわざ食べる地域も存在する。

食べるのは、ベニテングタケだ。よく外国の絵本やアニメに出てくる、真っ赤で派手なカサが美しいキノコだ。西洋では、幸福で明るいイメージと共に語られることが多い。

しかしこのキノコを食べると、下痢、嘔吐、運動失調、昏迷、幻覚を引き起こす。毒の成分はイボテン酸、ムッシモール、ムスカリンで、このキノコが引き起こす幻覚として、物が奇妙に大きく見えたり小さく見えたりすることがある。

そういえば、ルイス・キャロルの『不思議の国のアリス』には、アリスがあるキノコを食べると、体が伸びたり縮んだりする場面がある。おそらくキャロルは、ベニテングタケの作用を知っていたに違いない。

このキノコを、塩漬けにして食べる地域がある。例によって、信州と宮城県の一部だ。

なぜこんな毒キノコを食べるかというと、非常に旨みが強く、美味だからだ。

ベニテングタケに含まれるイボテン酸という毒には、化学調味料（グルタミン酸）の十六倍もの旨み成分が含まれているのだ。

不思議なことに、信州ではこのキノコのことを「ハエトリ」という。ベニテングタケには殺虫能力があり、実際にハエトリとして使われていたからだが、あえて「殺虫剤」を塩漬けにして食べる文化は素晴らしい。飽くことのないパイオニア精神である。

シャーマンもご愛用

シベリアでもベニテングタケを料理にしたり、酒に漬け込んだりして摂取する。このキノコは幻覚を引き起こすので、現地のシャーマンが宗教儀式を行う時にも使われたのだ。

ベニテングタケには興奮作用もあり、かつてはバイキングが戦闘の前に食べたり、日本でも戦国時代に、足軽に食わせて合戦に突入させたりしたという。

インドの聖典『リグ・ヴェーダ』には、飲むと高揚する聖なる酒「ソーマ」なるものが出てくる。これがベニテングタケではないかという説もある。

このキノコの毒性は、見かけのけばけばしさに比べて弱いと言われる。しかし、昔から伝統的に食べてきた人々は、毒抜きの方法や食べていい量を熟知していたから大丈夫だったわけだ。奇食好きの素人が、簡単に手を出してはならない。

加藤清正はなぜ狩りをした？

トラ（日本・中国）

浮世離れした料理

肥後の武将である加藤清正が、朝鮮出兵の時にトラを狩って勇名を馳せたという話があるが、僕は前からこれが不思議だった。

清正は、いったい何のためにトラを狩ったのか（この話が事実として、だが）。わざわざ朝鮮半島まで戦争に出かけ、いつゲリラが襲ってくるかわからない状況で、なんで悠然と「トラ」なんかと格闘していたのだろう。ほかにやることなかったのか……心配になってくる。

しかし、最近になってようやく答えらしきものが見えてきた。

「トラの肉を手に入れるため」ではないだろうか。

豊臣秀吉は、朝鮮に送り込んだ武将たちに命じ、トラの肉の塩漬けをしばしば日本に送らせたというのだ。当時は、朝鮮半島にもシベリアトラなどが多く棲息していたようだ。

なぜ塩漬けにするかというと、トラの肉は、生の肉よりも塩に漬けたほうが美味いとされていたからだ。トラは肉食獣だから、激しく獣の臭いがしたに違いない。

昔の中国におけるトラ肉の料理の代表例をご紹介しよう。まず一晩肉を土の中に埋め、半日間塩漬けにする。それを水を張った鍋に入れて煮て、半分煮えた頃に水を換え、ネギ、山椒、酒、塩を加えてさらに煮込むという。このネギや山椒も、おそらく臭い抜きに違いない。肉の味は、かなり大味だという。

もっとも、中国では肉よりも骨のほうが珍重された。骨を砕いて酒の中に漬け込むのだ。これは精力剤として使われた。

木下謙次郎の『美味求真』（一九二五年）を読むと、「先年某富豪の帝国ホテルに於ける虎料理も、……塩漬肉なりしと云ふ」という浮世離れした記述が見つかる。大正から昭和十年代には、我が国でもグルメが虎料理を楽しんでいたのだろう。

もっともこの猛獣も、自然破壊や毛皮を狙った乱獲で、個体数は激減している。十九世紀には十万頭いたものが、現在では約四千頭しか存在しない。中でも、中国に棲息していたアモイトラなどは、もはや野生のものは絶滅している。トラのステーキやカルパッチョを手軽に楽しむ時代は、もう来ないかもしれない。

満漢全席の片鱗へ
ラクダのこぶ（中国）

世界のすべてを食いつくす

世界で最も変わった食べ物が多い国というと、やはり中国だろう。

この国は極めて広大な領土に恵まれているので、各地からありとあらゆる海の幸、山の幸を調達できるからだ。

さらに、何でも構わず食いつくす中国人の心意気、好奇心もある。よく言われるように、「二つ足は両親以外、四つ足は机以外、空を飛ぶものは飛行機以外、全部食べる」のだ。

また、こんな話もある。

ある時、イギリス人の外交官と中国人の外交官が仲良くなった。イギリス人は友情の証として、中国人にセントバーナード三匹を贈った。

しばらくすると、中国人から丁寧な礼状が送られてきた——。

満漢全席のラクダ（手前のレンゲがこぶ。奥が肉。東京・新橋亭）

「ありがとう。とても美味しかったです」

しかし、何でもありの中国料理の世界で、最も奇怪で豪華なものといえば、やはり「満漢全席」に止めを刺す。

満漢全席とは、中国の清朝の時代に生まれた、満州族と漢族の料理を複合させた宮廷料理である。それが完成され、最高潮に達したのは乾隆帝（一七一一〜一七九九年）の時代で、その頃の満漢全席では、品数にして二百〜三百種類もの山海の珍味が出され、すべて食べつくすのに三日三晩かかったという。

当時のメニューには、こんなものがあった――「熊の掌」「猫の腸」「オランウータンの唇」「山猫の肉」「鹿の尾」「雌羊の乳房」「象の鼻」「猴頭菌（ヤマブシタケ）」「豹の胎児」「虎の膝」……。

字面を見るだけでは、うまいのかまずいのか、まったく見当がつかない。これは、世界のあらゆるものを食いつくす中国人の、貪欲さと探究心が極限まで達した、空前絶後の美食・奇食であったのだろう。

しかし、これらのめくるめく料理の数々は、現代ではまず口にすることはできない。一つの理由は、清朝の滅亡とともに、料理人が各地に四散し、伝統が途絶えてしまったこと、もう一つは「オランウータン」など、もはや絶滅に瀕している動物も食材にされているからだ。

だが現代でも、満漢全席の片鱗をなんとか伝えようとしている料理店もある。

東京・新橋駅から徒歩五分、中国料理の老舗「新橋亭」がそれだ。二〇〇一年から、毎年三十種類ほどの珍しい料理を出し、十年で満漢全席のメニューを完結させようとしてきた。その後は、中国の東西南北地方の名菜を選んで提供している。

この年（二〇〇九年）に出されていたのは、花椒兎肉条（ウサギ肉の煎り煮サンショウ風味）、金脚帯砂瑶湯（アモイ産の砂貝とウミヘビと地鶏の壺蒸しスープ）、燕窩水果豆腐（ツバメの巣入りフルーツのアンニンドウフ）など、合計三十品ほどだった。

一人前三万円だ。もっとも、満漢全席と称する料理を一人前五十万円ほどで出している店もあるので、これは破格の安さかもしれない。

そして、その年最も珍しく、呼び物になっていたのが満州駱駝腓脷（ラクダのロース肉の煮込みとラクダのこぶの炒め）だった。ラクダの肉自体が珍しいが、特に「こぶ」などは、中国料理の「山八珍」の一つとされていて、なかなかお目にかかれるものではない。ちなみに、山八珍とは、ラクダのこぶ、熊の掌、猴頭、オランウータンの唇、象の鼻、豹の胎児、犀の尾、鹿のアキレス腱を指す。

まるでフルーツのよう

ラクダの肉は、中国だけではなく、アラブ世界でも広く食されている。だいたい、コーランには「ラクダはアッラーへの捧げ物だから食べていい」と書いてあるくらいだ。だが、アラブではラクダ肉は低級な肉とされ、食べるのはだいたい貧しい人々である。なお、オーストラリアでも、砂漠にラクダが増え過ぎたため、これを食料に代えようとする人々が増えている。

この日、調理されたのは、オーストラリア産のヒトコブラクダだという。ラクダのこぶは、極めて特異な臭いがするので、長時間蒸して脂肪抜きをしなければならない。その結果、はじめは六十キロあったこぶが、わずか一キロになってしまう。こぶ料理が貴重で高価なのは、こういう理由からだろう。

まず、肉から試してみた。色は赤黒い。とても柔らかいが、どこか埃っぽく、血なまぐさい臭いがする。しかし、それは調理でかなり巧妙に消してある。牛肉と鯨肉の中間の味といった感じで、慣れたら大変おいしい肉なのだろう。

次は、貴重なるこぶだ。真っ白でプルプルしている。熟した梨のような食感で、口の中にほのかに甘い汁がほとばしった。まるで果物のようだ。懸念の臭みは、香草などでうまく消してあった。

こういう変わった料理は、味覚以前に、「よくこんな珍しいものを食べたなあ……」という満足感や達成感のほうが強い。

これは清の皇帝も同じだろう。「豹の胎児」やら「犀の尻尾」なんかを食べていて、彼らが本気でうまいと思っていたかは定かではない。

それより、「皇帝はもはや普通の美食には飽き飽きしている」「支配者ともなれば、こんな珍しい料理も口にできるのだ」といった虚栄心や征服感があったのではないか。

だとすれば、幻の料理である満漢全席は、単に栄養補給や空腹を満たすために食するのではない。テーブルの上に世界のすべてを並べ、それを征服し、克服するために三日三晩の宴を繰り広げるのだ。

鳥の肛門から液を吸い出す
キビヤック（北極圏）

アザラシの腹で発酵

スウェーデンのシュールストレミングや日本のフナずしなど、この世には臭い発酵食品は多い。

だが、その中でも、北極圏に住むイヌイットの作るキビヤックほど、奇抜でめったにお目にかかれないものもないだろう。

イヌイットは、酒の存在を知らなかった珍しい民族として知られている。北極圏はあまりにも寒すぎるので、発酵菌がなかなか活動せず、酒は造れないからだ。おかげで、西洋文明との遭遇により、酒を知った彼らは、酒の飲み方をまったく知らず、次々とアル中になってしまった。まあ、これには彼らに伝統的にある「食いだめ」の影響もあるようだが。

酒を知らず、発酵食を持たないと考えられていた彼らにも、実は発酵食があったのである。しかも飛びきり臭くて奇矯な奴が。

それが、キビヤックだ。これは、アザラシの体内で海鳥を発酵させるという、なかなか刺激的な発想の料理なのである。

まず、捕らえたアザラシの肉と内臓を除去し、腹を空っぽにする。その中に、アパリアス（ウミスズメの一種）を数百羽、そのまま詰め込み、腹を縫い合わせるのだ。

これを地中に埋め、上にキツネよけの大きな石を載せて、二年間ほど放っておく。北極圏は厳寒の世界なので、発酵するのは夏季を中心にした六カ月ほどだ。

二年後、彼らはアザラシを掘り起こし、腹の中からアパリアスを取り出す。その時には、アパリアスはアザラシから溶け出した脂肪にまみれ深く発酵し、異様な臭気を放っている。

これをどうやって食べるのか。鳥の肛門に口をつけ、中の液をチュウチュウ吸い出すのだ。

実際に食した東京農業大学名誉教授の小泉武夫氏によると、味は「とびっきり美味なくさやにチーズを加え、そこにマグロの酒盗（塩辛）を混ぜ合わせたよう」だという（『発酵食品礼讃』文春新書）。

さらにその臭いは、くさやとフナずしとゴルゴンゾーラと臭菜（チーツァイ）と木から落ちたギンナンを混ぜこぜにしたようなものだという。想像を絶するというか、あんまり想像い、極地探検に必ず持参するほどの虜になっていたという。

植村直己さんはキビヤックが大好きで、北極に行く時はイヌイットから譲ってもらい、極地探検に必ず持参するほどの虜になっていたという。

植村さんによると、キビヤックは、「ウンチのもっと強烈な、クサヤよりもう一つどぎついような、その両方をかきまぜてさらに腐らせるというか、ああいう鼻を刺すような感じの臭い」だという（『植村直己の冒険学校』文春文庫）。

こんなもののどこがいいのか分からないが、氏はすっかりキビヤックに夢中になり、しまいには、もっと臭いが欲しいとか、アザラシの脂が足りないとか、いろいろ不平不満を感じるほど「通」になってしまった。ついには、キビヤックの夢を見るほどだった。

ただ、さすがの植村氏も、若いイヌイットの女性が、水鳥の肛門に吸い付いて、唇を黒い血でドロドロにして微笑んでいる光景を見て、ゾッとしたと言っている。

シュールストレミングの勝利か

キビヤックを食べるのは、結婚式や誕生日などのハレの日が多い。これほど手間暇をかけて作るのだから、日常的にはなかなか食べられないのは当然かもしれない。

そういえば、スウェーデンのシュールストレミングも、普段食べるものではなく、八月の「シュールストレミング祭り」で度胸試しのようにして食べるものだ。日本でも、昔は酒はハレの日にしか飲めなかったし、カトリックでもワインをミサという特別な儀式のときに用いる。また、日本中になれずしを神饌(しんせん)として捧げる儀式が存在する。

つまり発酵食は、非日常な時間と結びつきやすいのではないか。

発酵食を作るのは大変な手間と時間がかかるため、普段は口にしにくいからだ。さらに、発酵菌というものを知らなかった昔の人は、ブドウがある日、突然美味しいワインになっているのを見て、大変驚いたに違いない。そして、そこに何か超自然的な力を感じても無理はないのかもしれない。

しかし、こんなにグロくて異様なキビヤックだが、それでも臭さではシュールストレミングには負けるという。シュールストレミングの偉大さがわかるというか、こんなものを食べているスウェーデン人の食文化に、深い感動を覚えるしかない。

地上に実在するのか

蚊の目玉のスープ（中国）

奇想の産物

開高健氏が『最後の晩餐』（光文社文庫）の中で、不思議な話を書いている。中国の重慶に「蚊の目玉のスープ」なる珍食があるというのだ。

重慶近郊の洞窟には、数多くのコウモリが棲んでいる。まず、そのコウモリの糞を取ってくるのだ。

コウモリは、「蚊食い鳥」と言われるほど、蚊が大好きな生き物だ。だから糞の中には、蚊の目玉だけが消化されずに残っているわけだ。糞の山を水洗いして、目玉だけ取り出してスープにすると、目玉のコリコリ感がたまらない一品になるそうだ。食感としては、キャビアに近いものがあるのだろうか。

……などという話が巷に流布しているが、不思議なことに、実際に食べたという人に出会ったことがない。

もともと、漢方薬には「夜明砂」なるものがある。これはコウモリの糞で出来ている。コウモリは夜に目がきくので、目の病を治す効能があるとされる。

そして、この「砂」こそ蚊の目玉を指すというのだ。この漢方を使った薬膳料理には「夜明菜心湯」「夜明谷精湯」などがあるという。

もっとも、実際に食べた話を聞いたことがない点では同じだ。小泉武夫氏はこのスープの正体を、蝦子(ハアツー)という小さなエビの子の目玉を入れたものだと言っている(『奇食珍食』中公文庫)。

しかし、たとえエビの目玉だろうが、わざわざそんなものをスープにする中国人の偉大さには恐れ入る。

もっとも、日本にもタイの目玉を入れた吸いものがある。奇怪さという点では、大して変わらないのかもしれない。

不老長寿の薬

人魚（世界各地）

永遠に美しい女の伝説

人魚といえば、上半身が人間で下半身が魚という想像上の生き物だ。現実には存在しないと、一般的には思われている。

しかし、不思議なことに、「人魚を食べた」という話が日本全国に広がっているのだ。

昔々、隠岐島の漁師が、家に村人を招き宴会を開いた。

その日、漁師は浜辺で捕らえたという、奇妙な生き物を料理して出した。それが人魚だったのだ。

村人はこれを見て不気味に思い、適当な言い訳をでっち上げて、何も口にせずに帰って行った。

しかしただ一人、こっそり人魚料理を袖の下に隠し持ち、家に持って帰った男がいたのである。彼はそれを家に隠しておいたのだが、何も事情を知らない妻がその肉を見つけ、食べてしまう。

数日後、男はそれを知って驚き、妻を問いただした。だが妻によると、人魚の肉は甘露のように美味だったという。食べた後、体がとろけて夢うつつになってしまった。目が覚めると、目ははるか遠くまで見え、耳はどんな小さな音でも聞けるようになり、清々しく晴れ晴れとした気持ちになったというのだ（なんだか大麻かＬＳＤの作用に似ている）。

妻は人魚を食べて以来、輝くばかりに美しい女性になった。時が流れても、その美貌はいっこうに衰えることはなかった。妻の夫や親族が亡くなり、それから数百年が経った後も、彼女は若々しいままだった。

この世には、死ぬことよりも悲しいことが一つだけある。それは、死ねないことだ。女はやがて、死ねないわが身を儚（はかな）んで洞窟の中に姿を消し、そのまま行方が分からなくなったという（木下謙次郎『美味求真』五月書房）。

いわゆる八百比丘尼（やおびくに）の伝説だ。このようにわが国では、人魚の肉は不老長寿の薬とされていた。

人魚の最古の記録は、六一九年まで遡る。『日本書紀』に、摂津国の漁師が魚とも人ともつかぬ生き物を引き上げたという記述があるのだ。この不思議な生き物は、長い間僕らの傍らで、じっと息をひそめて生きてきたようだ。

「これほどうまい物は地球上にない」

人魚の伝説は、世界中に流布している。

西洋でも昔から、美しい女の人魚が、絵画や文学に描き続けられているが、今ではこの正体はほぼわかっている。「ジュゴン」だ。

ジュゴンはジュゴン目の哺乳類で、体長は約三メートル、体重は三百キロほどで、太平洋やインド洋の温かい海で暮らしている。生息地域の北限は沖縄辺りとされる。見かけはどちらかというとイルカやアザラシに近く、さほど人間に似ているとは思えない。

ジュゴンを目撃した船員たちが、長い航海生活で、よっぽど女に飢えていたのかもしれない。

ジュゴンは今や絶滅の危機に瀕していて、全世界で十万頭くらいしかいない。日本でも沖縄では最近までわずか「三頭」だけ生存が確認されていたが、今（二〇二〇年）ではそれすら絶滅してしまったと言われている。激減の要因のひとつが「食用」のための乱獲だ。

ジュゴンの肉は極めて美味で、特上の牛肉を遥かにしのぐという。これを食した漁師によると、「肉の色は白く、これほどうまい物は地球上にない」というほどだ。

また、ジュゴンの肉は不老長寿の薬とされていたので、日本では非常に高価で取引されていた。琉球王国は「人魚」の肉の塩漬けを、日本の薩摩藩や中国の朝廷に献上し、外交の武器として使っていたほどだった。

現在（二〇二〇年）では、多くの国でジュゴンの捕獲は禁止されているのだが、それでも密漁は後を絶たない。また、オーストラリアでは、今なお先住民によるジュゴンの狩猟が認められている。アメリカ、ロシア、インドネシアの先住民に、「生存捕鯨」として特別に鯨漁が認められているのによく似ている。

乱獲のおかげで、もはや絶滅寸前のジュゴン。あの神秘的で麗しい人魚のように、本当に伝説上の存在になってしまうのだろうか。

第7章 文庫版増補

炭水化物道を極めよ

パンカツ（東京都）

闇市で産声をあげ……

パンカツなる料理が、東京の八王子と浅草の一部で食されている。これは、いわばトンカツの「擬態」だ。豚肉ではなく、「食パン」に衣をつけて脂で焼くという、不可解な料理である。

誕生したのは、戦後の食糧難の時代だと言われている。この頃は、肉などはとうてい手に入らなかったので、仕方なしに食パンを代用にしてカツレツにしたというわけだ。発祥は浅草で、八王子までわざわざリヤカーに載せて売りに来たという。八王子の八幡八雲神社の周りには当時闇市があり、ここの屋台で売られていたと言われる。現在でも、この地域にはパンカツを出す店が残っている。

作り方はこうだ。まず、食パンを用意する（高級なものより、安くて固いものがいいという）。これに水で溶いた小麦粉をつけ、さらにその周りにパン粉をまぶす。

これをラードを熱した鉄板の上で焼き、最後にウスターソースを全面にかける。これは、九九パーセントが糖質と脂でできている、恐るべき料理である。糖質制限ダイエットに励んでいる人なら、見ただけで失神してしまうかもしれない。

食べてみると、当たり前だが初めはパンの味がする。

反時代的かつ革命的な一品

しかし、ここで諦めてはならない。「これはトンカツだ。トンカツなんだぞ……」とひたすら念じながら噛みしめてみる。

すると、口の中で味覚が大きな変貌を遂げ始める。舌の向こうの地平に、おぼろげながらも豚肉の姿が立ち上がり、薫りはじめる……

……ような気がしないでもない。

これは、食べる者の想像力に訴えかける料理なのだろう。

八王子では、パンカツはB級料理と呼ぶのもおこがましいと言うことで、「C級料理」などと言われている。

これは賢い戦略だと思う。今はB級グルメなるものはありふれているので、いまさら「これはB級グルメですよ！」と宣伝したところで、誰も驚かない。しかし、こういう状況の中でC級だのZ級だのと自称すれば、物珍しさゆえに注目される可能性は高まるだろう。

それにしても、やたらと炭水化物が敵視されるのは、中途半端に進化した先進国の特徴だろう。今でも貧しい国では、おかずの量に比して大量の炭水化物を摂るところが多い。

かつての日本もそうだった。宮沢賢治の有名な詩「雨ニモマケズ」に「一日ニ玄米四合ト　味噌ト少シノ野菜ヲタベ」とあるが、これは今の感覚なら「食べすぎ」と言われるだろう。この詩には「慾ハナク」という一節もあるが、今なら「食欲ありすぎだろう」と突っこまれるにちがいない。

糖質制限ダイエットがもてはやされる現代の日本においては、パンカツは、極めて反時代的かつ革命的な料理といえるかもしれない。

もっとも、炭水化物まみれの料理は世界中にある。

イギリスには「トーストサンドイッチ」なるものがある。これは文字通り、パンの間にパンをはさんだ恐るべき料理だ。また「チップバティ」という、パンの間にフライドポテトをはさんだものも愛好されている。

イタリアではパスタにパンがつくし、日本にも焼きそばパンとか、蕎麦の上にフライドポテトを載せたものとか、「お好み焼き定食」といった、お好み焼きにご飯がつくという、成分のほとんどが炭水化物というメニューが人気を博している。中には「チャーハンライス」や「カレーライスライス」といった、チャーハンやカレーライスをおかずに米を食べるという豪の者もいるので、炭水化物道も極めはじめるときりがないのだ。

この世の不条理を喰らえ

トド（北海道）

守られながらも殺される

どこかユーモラスでひょうきんな風貌を持つトド。北海道の一部地域では、太古から食用とされている。

だが、トドほど、その存在が矛盾と不条理に満ちている生物もないだろう。

この生き物は、十九世紀には千島列島近辺に十万頭も棲息していたとされるが、その後激減し、現在では五千頭ほどしか確認されていない。アメリカやロシアでは絶滅危惧種に指定され、保護されている。

日本でも準絶滅危惧種に指定されている。ところがその一方で、年間五百頭ほどの捕獲／駆除が認められているのだ。

守られながらも殺される――この矛盾に満ちた取り扱いはなぜなのか。

それは、この悲しい生物が漁師の漁場を荒らすからである。漁網を破り、中の魚を

芳醇なワインのような血の香り

食べ、逃がしてしまう。その被害額は年十億円を超えるという。

しかし、ここでも不思議なことがある。トドによる漁場荒らしが問題とされるようになったのは一九六〇年頃からだが、実はその頃すでにトドは激減していたのだ。

要するに、人間があまりに魚を獲りすぎ、トドの取り分がなくなってしまったがゆえに、この悲しい動物は人間の漁場を荒らし始めたのだ。

もともとトドは臆病だから人間には近づかない。しかしひもじさのあまり、危険を冒して人間の設置した漁網に近づき、魚の強奪を謀るようになった。その結果、漁師たちの怒りを買い、駆除されてしまう。

トドとしては、とうてい納得できない気分だろう。今頃、波の下でこの世の不条理を嘆いているにちがいない。

かつては、日本政府は自衛隊を動員し、ジェット戦闘機や機関銃でトドを一斉射撃するという、壮大な駆逐作戦まで実行していた。

フォークシンガーの友川カズキは、一九七六年に発表した「トドを殺すな」という歌の中で、こう叫んでいる。

役に立てば善だってさ
役に立たなきゃ悪だってさ
誰が断を下したんだよ
トドを殺すな　トドを殺すな
俺達みんなトドだぜ
おい撃つなよ　おい撃つなよ
おいおい俺を撃つなよ

撃たれる海のギャング

しかし漁師から見たら、漁場を荒らし、高価な網を破壊するトドは許しがたい悪魔のような存在だろう。「海のギャング」と呼ばれ忌み嫌われている。

捕えられたトドは現地で解体され、串焼きにしたり、鍋や汁物にされたりして食される。肉は非常に血の気が多く、そのままでは激しく臭いので、殺したあと一日ほど海に漬けておいて血抜きをするほどだ。

トド肉本来の味を感じたかったら、ストレートに焼いて食べるといい。まず襲いかかって来るのは濃密な青魚の臭いだ。トドが魚を食するからだろう。それとともに、まるで芳醇なワインのような「血」の香りが廻ってくる。いくぶん鯨肉にも似ている。まさに「獣」をむさぼり喰らっている気分になる。そして不思議にも、食べているうちに体の根底から力が漲り湧いてくるような感覚を覚える。

現地に行くと、トドのカレーや大和煮の缶詰が土産物店で平然と売られているので、トド肉が好きでたまらない人は、買っておくのも一興だろう。

なお、岩手県には現在でも「トドヶ崎」という地名が残っている（本州の最東端の地でもある）。今では北海道以外にはほぼ来訪しないトドだが、かつてはこの辺りまでやって来るほど、権勢を誇っていたに違いない。

世界に目を転じると、イヌイットがトドやアザラシ、オットセイなどを捕えて生で食べていたことは有名である。現在でもアメリカやカナダでは、先住民には特別にごく少数だけトドを捕獲することが許されている。

地獄を呼び起こす植物?

ソテツ（南西諸島・ポリネシア）

娘を二人、遊郭に売りとばし……

ソテツは、いかにも南国的な風貌を持つ植物だ。僕などは、どこかの空港に降り立った時、そこにソテツが細い葉を震わせながら立ち並んでいると、「ああ、南の国に来たんだなあ」という深い旅情に襲われてしまう。

熱帯や亜熱帯に自生するソテツは、アフリカ、オーストラリア、ポリネシア、そして日本などで食用とされている。

インド洋に浮かぶコモロ諸島やその近くのアフリカ諸国では、ソテツの幹から採ったデンプン（サゴという）をスープに入れて食する。また、サゴやソテツの果実を数カ月発酵させ、結婚式などのハレの日に供する。

しかし、ここに重大な問題がある。

ソテツには、サイカシンという猛毒が含まれているのだ。

たとえば、グアム島に住むチャムロー族には、ソテツの実を食べる習慣があるのだが、この民族には筋萎縮性側索硬化症（ＡＬＳ）が多発していることがわかっている。もっとも、サイカシンと筋萎縮性側索硬化症の関係はまだ医学的に明確ではないが。

日本でも、沖縄や奄美群島を含む南西諸島にソテツを食する文化がある。そして沖縄には、「ソテツ地獄」なる恐ろしい言葉が残っている。

お茶漬けにもなるソテツの味噌

沖縄や奄美は、しばしば台風の直撃を受ける地域だ。激しい干ばつに襲われることもある。本土からの厳しい経済的収奪も受けてきた。江戸時代の奄美は、耕作に適した地はすべて、サトウキビを植えることを島津藩に強制されていたほどである。

この地域の主食はサツマイモや米だったが、それらが手に入らない時は、毒を孕むソテツを口にせずにはいられなかったのである。食べるのは、実、幹などの部分である。

もちろん、そのまま食べると中毒死してしまうので、毒抜きをして食べるしかない。

しかし、毒抜きが常に成功するわけではない。失敗することもある。また、ひもじさのあまり、毒が抜けるのを待ちきれずに食べてしまうこともあり、その結果中毒死する事故が続発した。

これが「ソテツ地獄」だ。この頃に歌われた詩に、次のような内容のものがある――

「貧しさゆえに、娘を二人、遊郭に売ってしまった。イモすら実らないので、ソテツでも食うしかない……」

天使か、悪魔か

奄美の人は、ソテツの毒抜きは「てげてげ（いい加減）はだめだ」と言う。適当なところで毒抜きをやめてしまうと、文字通りソテツ地獄を見ることになるからだ。

ソテツの幹や果実の中身を取り出し、水にさらし、発酵させ、毒を取り除いていく。幹をデンプンにしたもの（セン）や果実（ナリ）をお粥にしたり、餅にしたりして食卓に上げる。

また、「ナリ味噌」という変わった食品もある。これは、「ナリ」と米、麴、大豆などを混ぜて発酵させた味噌だ。独特の甘みのある味噌である。

ナリ味噌は、単に調味料として使うだけではなく、「お茶請け」にもなる。豚肉やラッカセイ、砂糖などを加えて炒めるのだ。沖縄では、ソテツ味噌のことを「チョーキミス」(茶請け味噌)などとも言う。

さて、沖縄では「ソテツ地獄」などと言われて恐れられていたのだが、奄美になると少し事情が違う。この島々では、ソテツのことを「ソテツナガシ」と愛称で呼ぶのである。

そこには、食べるものが何もない時に、ソテツにより命を救われたという感謝の気持ちがあるのだろう。

「ソテツには捨てるところがない」とも言われる。葉や実の殻は肥料になる。ナリの中身は傷薬として使える。大島紬を染めるときにも、鉄分が豊富なソテツの葉は役に立つ。変わったところでは、ソテツの実は赤いので、運動会の玉入れの玉としても利用可能なのだ。

ソテツという植物じたいは、言うまでもなく中立である。善でも悪でもない。彼らは単に存在し、そこら辺に生えているだけなのだ。人間がソテツに顔を向けた時、彼らは天使にでも悪魔にでも何にでもなる。それだけの話なのだ。

怪獣の手か？

カメノテ（スペイン・日本）

カメか、ガチョウか

なかなか不気味な外見だ。

これは「カメノテ」と呼ばれる生命体である。奴らは、海の岩の割れ目に集団でへばりついて生きている。

「亀の手」に似ていることからそう呼ばれるのだが、本物の亀の手はもうちょっと小ぶりで可愛らしいのではないか。これでは、恐竜か怪獣の手と言われてもしかたない。

ぱっと見ただけでも十分に気持ち悪いが、これが爪の間から細い足をちょろちょろ出してエサを捕食する姿は、さらに不気味だ。嘘だと思うなら、実際に海に行って確認するか、インターネットで動画でも探して見てみるといい。気の弱い人なら、卒倒してしまうだろう。

しかし、この面妖な物体は、日本の各地で密かに食されている。流通に乗ることはそれほどないが、地元では岩からノミで剝がし取って食べている。調理法は塩ゆで、味噌汁、酒蒸しなどいろいろだ。

カメノテは見かけは貝に似ているが、実はエビやカニと同じ甲殻類である。フジツボの仲間なのだ。

この生き物は、スペインやポルトガルでもペルセベス（percebes）と呼ばれて食されている。しかも、一キロ当たり二百ユーロ（約二万五千円）近くする、もっとも高級なシーフードである。

なかなか不気味で素敵な見かけ

高級だとされる理由は、採取するのが危険なことだ。肉厚で美味なペルセベスほど、岩が多く激しく波が打ち寄せる海岸で繁殖することが多いからだ。

ちなみに、カメノテは英語では goose barnacle などと呼ばれる。要するに「ガチョウフジツボ」だ。日本人の多くにはこの生き物が「亀の手」に見えるかもしれないが、英語を話す者には「ガチョウの脚」に見えるのである。そのおかげか、西洋では長い間、ガチョウは「カメノテ」から生まれるのだと信じられていたほどだ。

僕もカメノテを入手して食べてみた。十分に水洗いした後、薄い塩水で茹でてみる（本当は海水で煮るのが一番うまいという）。茹でていると、すさまじい磯のにおいが立ちのぼってくる。

爪の下の黒い皮を破ると、ピンク色の身が出てくる。これを食するのだ。味は外見にそぐわず、カニのように上品なものだ。食感は貝に似ている。皮を破ると汁が飛び出すが、これも吸い付いて飲んだほうがいい。カニミソにも似た濃厚な旨みがある。

ただし、食べられる部分はとても小さい。これでお腹をいっぱいにするのは大変だろう。流通しているものを手に入れると、それなりの値段がする。

さて、さんざんカメノテは不気味だと書いてきたが、よく考えると、たとえばカニもなかなか気持ち悪い。

たとえば、ある日本人がカニをチベット人に見せたところ、そのチベット人は悲鳴をあげて逃げ出したという。巨大なクモだと勘違いしたのだ。

確かに、カニの外観はクモに似ている。さらに、脚をわしゃわしゃ動かす姿は、もはや地球上の生き物ではなく、宇宙の謎の生命体のようにも見える。

たいていのものは慣れである。不気味なのはカメノテだけではないので、ここは丁重にカメノテに対して謝罪しておきたい。

若い男の○○○？

イソギンチャク（スペイン・有明海）

アンダルシアの海岸にて

スペインのアンダルシア地方の海岸沿いを歩くと、レストランで何やら鶏のから揚げのようなものが食されているのを見ることがある。

これは鶏ではなくて、イソギンチャクである。地中海地方の一部では、イソギンチャクをフリッターなどにして食べる習慣があるのだ。

アンダルシアの海沿いでは、第二次大戦後の食糧難の時期からイソギンチャクが食べられ始め、今では一種の高級食材にもなっている。

と言っても、地中海地方ではこの生き物ははるか古（いにしえ）から食されてきた。紀元前四世紀に古代ギリシヤの哲学者アリストテレスが著した『動物誌』にもイソギンチャクは登場する。彼はここで「イソギンチャクには、二つの類があって、一つはより小さくて食べやすい（中略）。ところで冬の間は肉がしっかりしているが（それゆえ捕えら

「何ものか」に似ている？

れるし、食用にもなるのであるが）、夏はだめである」（島崎三郎訳）などと、味にまでこだわって描いている。

海中に沈んだ女の生首が髪を振り乱しているようにも見えるこの生物が、二千年以上前から地中海で連綿と愛食されてきたと考えると、なかなか趣深い。

海の底で醸成された味

さて、イソギンチャクは日本でも辛うじて食べられている。かつては千葉県の船橋や浦安などでも食されていたが、現在ではほぼ有明海沿岸地域のみである。

非常に消費地域が限定された食材だ。たとえば、福岡県柳川市の沖端という地域でイソギンチャクは食されているが、そこからわずか一キロほど離れたところに出ると、もはや誰も口にしてなかったりする。

ちなみに、作家の檀一雄氏は沖端の出身で、子供のころには一週間に少なくとも二、三回はイソギンチャクを食べさせられたという。

柳川市周辺では、イソギンチャクのことを「ワケノシンノス」という。これは「若い者の尻の穴」という意味だ。何やら下品な名称だが、確かにここで食べられているイソギンチャクを見ていると、若い衆のすぼまった尻の穴に思えなくもない。もっとも、私もよく知らないのだが。わざわざこんな俗称をつけるとは、この地域の人々は、若者の尻の穴を見慣れていたのだろうか。

ただし、昔の日本人は現代人よりもはるかに裸に寛容だった。明治時代になって裸を西洋人に見せるのは恥ずかしいということで、禁圧され始めたのである。それに対抗して、一八七三年には京都府何鹿(いかるが)郡綾部（現・綾部市）で「裸で外を歩くことを許可しろ」と要求する一揆すら起こっている。中には、丸裸で肩から糸を数本だけ垂らして歩き、巡査に「おいこら、裸で出歩くな」と咎められると、「この糸がわしの服だべ。裸じゃねえよ」と切り返した猛者(もさ)もいたという。

特に漁村は裸体には鷹揚だった。男たちはほぼ全裸で地引網を引き、漁に乗り出した。海女さんは褌一丁で海に潜っていった。こういう状況なら、若い衆の尻の穴を見慣れていたとしても、なにも不思議ではない。

さて、この地域ではワケノシンノスを味噌煮にすることが多い。また、味噌汁の具にしたり、唐揚げにしたりすることもある。

僕が食したのも味噌煮だった。

まず口に入れてわかるのが、強い磯の香りである。表面にぬめりがあり、口にまとわりついてくる。味は少し苦く、レバーに近い。食感は餅のような感じか。全体的に、いかにも海の底で静かに醸成されてきたような、我の強い味だった。

檀一雄氏はワケノシンノスをことのほか愛し、「私は躊躇なく、ワケの味噌汁を日本第一等の珍味に数え上げたい」（『美味放浪記』）と激賞している。

海からやって来たエイリアン？
ワラスボ（有明海）

ホラーな食事

奇怪な物体である。

鋭く獰猛な牙をこちらに向けている。また、どこを探しても、眼に当たる部分が見当たらない。アメリカ映画の『エイリアン』に出てくる不気味な怪物は、この物体をモデルにしたという噂があるほどである。

この怪物の正体は、ワラスボという名の魚である。ムツゴロウと同じハゼ科の魚で、日本では有明海にしか棲息していない。

もっとも、ワラスボじたいは朝鮮半島、中国、インドなどでも蠢きながら生きている。これは、かつては日本列島が大陸と繋がっていたことの証でもある。

有明海はとても変わった海だ。まず、大変に遠浅の海なので、面積は東京湾より大きいのにもかかわらず、平均水深はわずか二十メートルしかない。

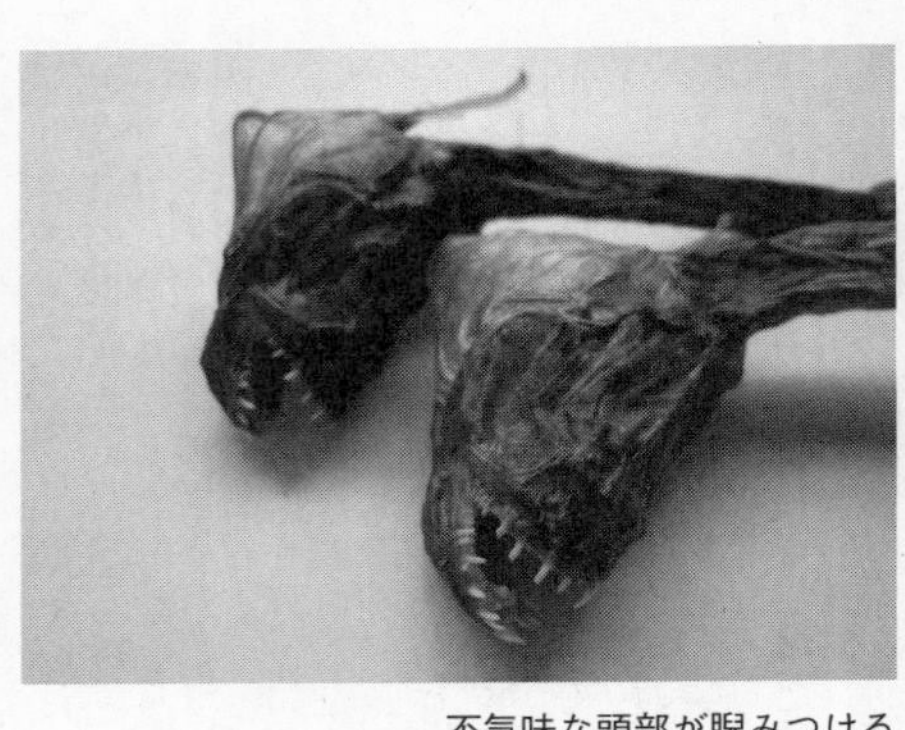

不気味な頭部が睨みつける

だから、干潮時には沖合五〜七キロメートルのところまで、広大な干潟ができる。現地で「ガタ」と呼ばれているものだ。これは、日本全体の干潟の四割を占めるほどの大きさである。

ワラスボは、この海の泥の中で生きている。眼の所在が確認できないのは、光のない生活があまりに長すぎたため、退化してしまったからだ。

「ワラスボ」と呼ばれるのは、藁を束ねた筒のような形をしているからだと言われている。漁期は春から秋にかけてだが、最近は個体数も減り、二〇〇七年には環境省により絶滅危惧Ⅱ類に指定されてしまった。

この不気味な魚を、地元では干物、刺身、唐揚げ、味噌汁などにして食べる。ワラスボの干物は、まず包丁の背で叩いて柔らかくしてから火で炙り、適当な長さに折って、塩をかけてから食する。

味は、非常に香ばしく、噛むほどに独特の旨みと甘みが滲み出てくる。

旨みが強いことから、現地では炙ったワラスボを短く折って、日本酒の熱燗に浸して飲んだりもされている。酒のまろやかさが格段に増すのだ。また、粉にしてご飯のふりかけにする食べ方もある。

ちなみに、肝心の不気味な頭部だが、ここは固いのであまり食されることはない。私もここは口にせず放置しておいたのだが、醜怪な頭だけが数個、皿の上に転がり、こちらを睨めつけている姿は、なかなかのホラーだった。ワラスボを食べる楽しさはこんなところにあるのかもしれない。

もっとも、地元の人々は、この魚の外見の奇怪さを逆手にとって売り出そうとしている。ワラスボを使ったエイリアンラーメン（エイリアンの体液を模するためにスープが緑色）やエイリアンエナジーなるドリンク（やはり緑色）などといったものも、堂々と売られているほどだ。

古代の乳製品
蘇（日本）

新型コロナの影で……

二〇二〇年三月、日本を新型コロナウイルスが襲い、街から人影が消えうせようとしていた頃――

インターネットの空間に、ある奇妙な言葉が躍り始めた。

《蘇》である。

これは、平安時代に初めて文献に現れた言葉である。牛乳に関わる語だと言われているが、正確には何だったのか、はっきりとしていない。この不可解な言葉が、千年の時を超えて、この国の電脳宇宙に浮かび上がったのである。

日本の歴史において、牛乳は九世紀に編まれた『新撰姓氏録』なる書物に初めて現れる。ここで、渡来人系の善那という人物が孝徳天皇に牛乳を献上し、これにより和薬使主（やまとのくすしのおみ）なる姓を賜ったと描かれている。

「薬」と付いていたくらいだから、牛乳は一種の薬品と目されていたことがわかる。当時の日本の貴族の食生活には、ビタミンやミネラルが不足していて、多くの者が脚気や腫瘍に悩まされていた。そのような状況下では、牛乳が一種の薬と考えられていたのは不思議ではない。

高貴な者のみ食することが許された

さらに、孝徳天皇の治世に「乳長上」なる〈乳しぼり〉を専門とする官職まで置かれている。それほど、当時の朝廷の中では、牛乳は重要で深刻な問題だったにちがいない。

余談だが、平安時代に編まれた『宇多天皇御記』なる書物に、こんな記述がある。宇多天皇が猫を飼っているという独白なのだが、次のようなものだ。

朕は暇なので、猫について述べてみよう。一匹の黒い猫だ。（中略）

先帝は、この猫を数日かわいがった後に、朕にくれた。朕は今まで五年間、かわいがって育ててきた。毎朝ミルクの粥を与えているのだ。

ただの猫自慢の文章なのだが、当時は高級品だったミルクを猫に与えていると、どこか自慢げに書いている。今で言うと、金持ちがペットにキャビアやフォアグラをあげている写真を、インスタグラムに投稿して悦に入っているという感じか。

単純かつ神秘的なレシピ

さて、『政事要略』という古文献によると、七〇〇年に文武天皇が諸国に遣いを送り、蘇を造らせ、貢納させたとある。また、奈良の平城京址からは「近江国生蘇三合」と記された木簡が出土している。「近江国から生の蘇を三合献上する」ということだ。つまり、当時は蘇は税として朝貢するものであり、必然的に口にできる者は一部の特権階級に限られたのである。

だから、朝廷側も蘇に対しては真剣そのものであった。蘇を朝貢することを怠ったり、質の悪い蘇を差し出そうとしようものなら、杖で叩かれるという刑罰すら受けたのである。

さて、この高貴なる蘇だが、実を言うと、その正体は何だったのか、よくわかっていない。平安時代に成立した『延喜式』に蘇の作り方として「乳を一斗煎じると、一升の蘇になる」と書かれているだけである。つまり、ミルクを十分の一の容積になるまで煮詰めろ、というわけだ。

レシピとしては、神秘的なまでに単純である。

二〇二〇年春、多くの日本人はCOVID-19の舞う街に背を向け、家に閉じこもっていた。暇を持てあましていた。

そういう情勢下において、「ミルクをひたすら煮込むだけ」の単純かつ時間だけはかかる調理方法は、魅惑的に輝いて見えた。現代の少なからぬ日本人が蘇造りに励んだ背景には、こういう状況があったのだろう（休校で給食用の牛乳が余って困っている酪農家を助けようという意図もあったが）。

牛乳をひたすら煮込むと、そのうち茶色い塊に変貌する。太古の朝廷の貴族を魅惑した「蘇」とは、おそらくこのことだと思われる。実際にレシピに基づいて蘇を造って販売している店もある。

味わいは濃厚で、ほのかに甘く、チーズやチーズケーキに近い。違いは、牛乳の匂いが強烈ということだろうか。確かに、すさまじい滋養の塊という感じはする。

蘇は、御斎会（ごさいえ）（宮中の法会）や大饗（たいきょう）（宮中の宴会）などに、香や蜜と混ぜて菓子にしたり、甘栗と共にデザートとして食された。当時は、朝廷から宴会に蘇と甘栗を送る「蘇甘栗使」なる勅使までいたほどである。

このころの日本では、甘味は大変な貴重品で、砂糖などは薬品として扱われていた。当時の甘味は、ほとんどが甘葛や甘草などの植物や蜜でまかなわれていた。だから、現代の感覚ではそれほど甘いとは思えない甘栗や蘇が、大変貴重な甘物として珍重されたのだ。

それにしても、平安時代に突如として現れ、やがて歴史の闇の中に消えた蘇が、新型コロナに襲われたわが国に再び姿を現したというのは、不可解と言うか、歴史の神秘を感じさせる。

日本の伝統食か？

イヌ（アジア・ヨーロッパ・アフリカ）

襲撃されたトラック

二〇一七年六月、中国の広州市の高速道路で、一台のトラックが襲撃を受け、通行を阻止された。

このトラックからは、おびただしい数のイヌが檻の中に入れられて発見された。襲撃した者たちは動物保護団体のメンバーであり、このイヌたちは、数日後に開かれる「犬肉祭り」に連れていかれる運命だったのだ。

犬肉祭りとは、毎年六月に玉林市で行われる犬肉を食べるイベントで、この日は各地から多くの犬肉愛好家が集まり、犬料理を堪能する。この祭りの際に屠（ほふ）られるイヌは約一万頭だと言われ、このことが世界中の動物愛護団体から憤激を買い、祭り会場へ犬を運ぶトラックが襲撃を受けたり、イヌを収容する施設が攻撃されたりしている。

中国では、古来からイヌが食べられてきたことはよく知られている。

それは、「狡兎（こうと）死して良狗（りょうく）煮らる」（すばしこい兎が死んだら、それを追っていた猟犬も不要になり煮て食われる）や「羊頭狗肉」（羊の頭を掲げて犬の肉を売る）、「犬肉を三回煮ると神仙も我慢できない」（香りがよすぎるので）といった言葉が残っていることからもうかがい知れるだろう。ちなみに、中国では犬肉のことを「香肉」とも呼ぶ。

中国人はよく「二つ足は両親以外、四つ足は机以外、空を飛ぶものは飛行機以外、全部食べる」と言われるように、とにかく食に貪欲であり、イヌくらいは大したものではないのだろう。

僕が「犬鍋」を食べたのも中国系のレストランだった。木枯らしの吹きすさぶある日、「何か温まるものでも食べようよ」ということで、何人かの友人知人と出かけたのだ。

コラーゲンたっぷりの犬鍋

犬鍋は香辛料を濃密に使っていた。味はブタに似ていると思った。臭みはまったくなかった。これを豚肉だと言って出されても、ほとんどの人は気づかないだろう。同席していた女性は「コラーゲンたっぷりで、お肌がプルプルになる！」と喜んでいた。イヌのいわゆる肉球は、コラーゲンの塊らしい。

また、韓国でもイヌが食べられることは有名である。この地域では、夏の暑い盛りに「補身湯（ポシンタン）」という犬鍋を食する習慣がある。これは日本人が土用の丑の日にウナギを食べるのと似た感覚だろう。

そして韓国でも同じように、犬食文化は動物愛護団体の標的とされ、食用犬の飼育場などがいろいろな嫌がらせを受けている。

しかし、中国や朝鮮半島の犬料理はあまりに有名すぎるので、このくらいにしておく。もはや目新しさはないだろう。僕が書きたいのは、この先である。

スイスの犬・猫料理

そもそも、イヌを食べるということは残酷で野蛮なことなのだろうか。

では、人類はなぜイヌを飼い始めたのか。

それは、「食べるためだった」とも言われているのである。そのことは、世界各地の遺跡から、食用にされたと思しきイヌの骨が出土していることからもわかる。肉が削がれたり、焼かれたりした痕跡が骨に残っているからだ。犬の先祖であるオオカミとヒトとの共生は三万年ほど前から始まり、犬食の習慣は一万年ほど前から始まったとされている。

また、犬食の文化は中国や韓国以外にも存在するのだろうか。

もちろん存在する。その一つが、麗しいアルプス山脈を抱くスイスである。

スイスの一部では、クリスマスにイヌやネコの肉を食べる習慣がある。これはライン川渓谷地方で顕著で、何十万人ものスイス人がイヌやネコの肉を貪り喰らっているという。その多くは農民である。もっとも人気のある犬種はロットワイラーで、その肉づきの良さがたまらないらしい。

ある動物愛護団体の活動家は、スイス人の女性から、生まれたばかりのネコを料理するレシピをもらった。ショックを受けた彼女は、イヌやネコを食べることをやめさせろと警察や役所に訴えたが、「禁じる法律がありませんからね」と一蹴されたという。

そう、スイスではイヌやネコを食べることは違法ではない。一九九三年には議会にイヌやネコの保護を訴える嘆願書が出されたが、結局違法化には成功していない。猫肉もウサギの肉と似ているということで人気で、白ワインやニンニクと一緒に供せられる。

もっとも、彼らも大っぴらにイヌやネコを食べているわけではない。商業的な、と畜場でイヌやネコを処理することはない。犬食や猫食が動物愛護団体から憎まれていることはわかっているので、農民たちは自分たちで密かに屠って料理するのである。

あるスイス人は犬肉を食べることを非難されたとき、こう言い返している――「別におかしなことじゃないだろう。肉は肉さ」

「日本人は犬を見事に食べる」

そして、わが国にも犬食文化は古来から存在する。それは、弥生時代の遺跡から、食用にされたと考えられるイヌの骨が出土していることからもわかる。

また、六七五年に天武天皇は「四月一日以後、九月三十日まで牛、馬、犬、猿、鶏の肉を食べてはならない」という御触れを出している。

要するに、一定期間内はイヌを食べてはならないが、それ以外の期間なら食べていいということだ。わざわざこんな御触れを出すということは、人々がイヌの肉を普段から口にしていたということにほかならない。

時代を下って、戦国時代に日本を訪れた宣教師ルイス・フロイスは、次のように書き残している。

「われわれは犬を食べないで、牛を食べる。彼らは牛を食べず、家庭薬として見事に犬を食べる」

「ヨーロッパ人は牝鶏や鶉（うずら）、パイ、ブラモンジュなどを好む。日本人は野犬や鶴、大猿、猫、生の海藻などをよろこぶ」（岡田章雄訳）

つまり、イヌを薬食いしているということだ。また、ネコやサル、ツルも食べていたと、ついでに貴重な記録を残してくれている。わざわざこんなことを書き留めておいてくれたフロイスには、深く感謝するしかない。

また、兵法家の大道寺友山は『落穂集』の中で次のように述懐している。

「私たちが若いころは、江戸の町方には犬はほとんど見当たらなかった。武家方町方ともに、下々の者の食べ物には犬に勝るものはなく、冬になると見つけ次第打ち殺して食べていたからだ」

この人の言う「若いころ」とは十七世紀半ば、生類憐みの令を出したことで有名な将軍綱吉の治世である。生類憐みの令以前には、人権ならぬ「犬権」などというものは、まったく顧みられなかったに違いない。

また、大田南畝（おおたなんぽ）の『一話一言補遺』には薩摩の「えのころ飯」なる料理の記述がある。子犬の腹を裂き、臓物を取り出して、中に米を入れ、竈（かまど）の火で焼く。真っ黒になったところで取り出し、腹を開ければ、黄赤の蒸し米になっている。これに汁をかけて食す。これがこの世のものとは思えないほど美味だという。これをえのころ飯といい、薩摩藩主などの高貴な人々が賞玩するという。

なかなか不可解なレシピなのだが、これとよく似た調理法がインド、バングラデシュ、ミャンマーに住むチベット・ビルマ系諸族の間でも知られていたので、それと同じ系譜にあるのかもしれない。

考古学的な証拠も出土している。現在の広島県福山市に鎌倉時代から室町時代に存在した草戸千軒町の遺跡からは、多くの動物の骨が出土しているが、その三分の二がイヌのものであり、しかもその多くに、肉を削ぎ落としたり、火で炙ったりした跡が確認された。つまり、食用とされていたのである。

このような話は、枚挙にいとまがない。終戦直後の焼け跡ではイヌはほとんど見なかった（捕まって食べられてしまうから）とか、一九三〇年頃まで、肉屋や漢方屋には「犬肉あります」という看板がかかっていたとかいった話は、よく聞くところだ。

僕も秋田県の老人にこんなことを聞いたことがある。一九五五年頃、子供だった彼は、捨てられていたイヌを拾ってきて育てていた。すると、近くの者に盗まれ、食べられてしまったというのだ。彼は泣いて悔しがったという。

犬食は、特に東北地方や南九州、沖縄や奄美などで盛んだったと言われている。沖縄では一九五〇年ころまでイヌはよく食されていた。

ここまで来ると、もはや犬食は日本の伝統食だと言ってもいいのではないか――もし、日本全国で日常的に食べられていたわけでもなかったクジラが、日本の伝統食だと言っていいのならば。

なぜペットに食べ物の名前を付けるのか

さて、この辺りまで来て、イヌを愛しペットとして飼っている人々は、怒り狂っているかもしれない――「イヌみたいなかわいい動物を食べるなんて、なんて残酷な！ひどすぎる、許せない！」と。

しかし、僕が犬料理のことを、舌なめずりしながら、微笑みを浮かべながら書いていると思ってほしくない。僕もイヌは好きだし、子供の頃に何匹も飼っていた経験があり、今でも街でイヌを見かけたら、思わず頰を緩めて話しかけてしまうほどなのである。僕はこの項を、かなり痛ましい思いで書いているのである。

だが言うまでもなく、イヌだけではなく、ブタやニワトリやクジラだってかわいいと思う人はいるだろう。これらの動物は食べていいのか。それは差別ではないか。この項の初めに、トラックを襲撃してイヌを救う動物愛護団体のことを書いたが、これは和歌山県でイルカを捕える網を破ってイルカを逃がしてしまう活動家と何が違うのか、ということになる。もしヒンドゥー教徒やイスラム教徒が日本で「ウシやブタを食べるな」と叫んでレストランを襲い始めたら、きっと大変な騒ぎになるに違いない。

そして、さらに大きな問題がある。

なぜ、ペットを食べてはいけないのか。いや、そもそも人間はペットを食べないものなのだろうか。

答えは「ノー」である。世界には、ペットを食用にしてしまう人々が、たくさんいるのである。

かつてタヒチやハワイの人々は、イヌやブタを猫かわいがりしていた。イヌやブタに口移しで食べ物を与えたり、女性は自ら母乳を与えて育てたのである。片方の乳房は人間の子供に吸わせ、もう片方はイヌやブタに吸わせる。我が子同然に育てていたのだ。いくら日本でペットが持てはやされていると言っても、ここまでやる人はまずいないだろう。

それでもやはり、彼らは祭りの日になると、イヌやブタを食べてしまうのだ。母乳で育てたイヌは柔らかくて美味しいと、特に珍重されていたのである。

このような例は、たくさんある。スーダンやケニヤに住むディンカ族やヌアー族、マサイ族、トゥルカナ族などが愛するのはウシである。彼らはウシに名前を付け、ウシの角を美しく削り、ウシのために歌や踊りを見せてやり、男たちは牛小屋でウシと一緒に眠る。大切にしていたウシが死んだということで、ショックを受けて自殺してしまった者すらいる。しかし――やはり彼らも、最終的にはウシを美味しく食べてしまうのだ。

「そんな遠い民族のことは知ったことではない。日本とは文化がまったく違うだろう」という反論があるかもしれない。

それでは、日本ではなぜペットに食べ物の名前を付けることが多いのだろうか。「チョコ」「マロン」「クッキー」「モモ」「キナコ」「ムギ」……損害保険会社などが発表する「ペットの名前ランキング」によると、最近のイヌやネコのペットに付けられた名前の上位の半分近くが、食べ物の名前なのである。

これは、ペットの飼い主の多くが、無意識のうちにペットを食べたがっていることの証明ではないだろうか。

名前だけではない。いま、ペットの「食べ物ベッド」が人気なのをご存じだろうか。

これは、インスタントラーメンのカップや、ピザ、トーストなどの姿をしたベッドだ。たとえばインスタントラーメンのベッドの中にペットを寝かせると、ペットがまるでラーメンの具になったように見えるのである。こういった商品が多数販売されていて、その様子を映した動画がインターネットで人気を集めている。中には「ホットドッグ」と称して、バゲットを半分に切ったような形のベッドで、中にイヌが寝ると本物の「ホットドッグ」に見える、という代物すらあるくらいだ。

また、「猫鍋」というものをご存じだろうか。別にネコの肉を煮込んだ料理ではなく、空の鍋の中で丸くなって眠るネコのことである。ネコは体が軟らかいし、狭いところに潜り込むと安心するのだろう。この様子がかわいらしいということで、やはりそれを映した動画がネットで愛好されている。ネコが寝るためだけに作られた鍋がわざわざ売られているほどなのだ。

これらの事実は、ペットの飼い主の多くが、実は密かにペットを食べたがっているからとしか解釈のしようがない。

「愛」と「食」の秘められた関係

こういった話は、決して残酷なものではない。むしろ、人間の「愛」というものの根源に迫るものなのである。

「食べちゃいたいほどかわいい」という言葉をお聞きになったことがあるだろう。人間にとって、「愛」と「食」は本質的に似たものなのである。

世界的に見て、「愛」と「食」は同じ単語で表すことが多い。アマゾンのグワヤキ族の「ティクウ」という語は、「食べる」と「性交する」の二つの意味がある。アフリカのヨルバ族では「食べる」と「娶る」は同じ単語で表現し、中央カロリン島では一つの単語で「性器を舐める」「噛む／食べる」を同時に表した。いや、こんなはるか遠くの民族の話を持ち出すまでもなく、日本語の「食べる／食う」には「性交する」という隠された意味があることはご存じだろう。

これはお洒落だとされるフランス語でもそうで、consommer という動詞には、「食べる・飲む」という意味のほかに「床入りで性交を完遂する」という意味もあった。これはコンソメスープの consomme と同じ系統にある語だ。

実際、脳の中では性欲中枢と摂食・満腹中枢は隣同士にある。医学的に見ても、性欲と食欲は極めて近い関係にあるのである。

いわゆる「愛犬家」という言葉には三つの意味がある。一般的に言われる「犬をペットとして愛する人」という意味と「犬を食料として愛する人」、そして「犬をペットとしても食料としても愛する人」という意味だ。

そして、一番目の意味と二番目の意味は決して矛盾するものではなく、本質的に同じものであることがお分かりいただけたのではないだろうか。

食卓から沸き起こる戦争

冒頭の話に戻ろう。

中国では全土で犬食が盛んなわけではなく、よく食されるのは南部である。これは、この国が北からしばしば狩猟・遊牧民族の侵略に曝されてきたからだ。狩猟・遊牧民族は狩りなどにイヌを使う。また、自分の祖先がオオカミだと考える民族もいるので、イヌを大切にし、食用としない傾向が強いのである。

そして、現在では中国でも韓国でも犬食は縮小傾向にある。その一つの理由が、動物愛護団体の攻撃に嫌気がさしているからというものだ。

さらに、中国では新型コロナウイルスの流行も、犬食の衰退に拍車をかけている。犬肉を扱う武漢の市場が新型コロナウイルスに関係しているとされたからだ。そして、ついに二〇二〇年五月には、深圳と珠海で犬食じたいが禁止されてしまった。

その一方で、二〇一六年には犬肉祭りの行われる玉林市では、むしろ犬肉の消費量が増えているという報道もあった。

その理由の一つが、「あまりに動物愛護団体が騒ぎすぎるから」だ。「これだけ騒ぎになるのだから、きっと犬肉は美味いに違いない」と試食にやって来る者が増えたという。攻撃が逆効果になっているのだ。犬料理が完全に消滅することは、おそらくないだろう。

犬食は、ほかにも東南アジア、アフリカなど世界中のかなりの地域で行われている。食文化の違いは、簡単に差別へと結びつく。イギリス人がカエルを食べるフランス人を「フロッグ」と呼んで馬鹿にしたり、逆にフランス人はイギリス人を「ローストビーフ」と呼んで侮蔑したりする。これは、イギリス料理にはヴァリエーションが少なく、ローストビーフくらいしか食べるものがないといった意味だという。

「食」は本能に直結しているので、いさかいが起こりやすいのだ。それは、中国や韓国におけるイヌ、日本におけるクジラやイルカを巡る騒動を見ればわかるだろう。食卓から暴動や戦争が沸き起こるのは馬鹿らしいので、僕らは他者の食文化をクールに、スマートに観察するのが得策だろう。

おわりに――奇食は世界を動かす

奇食は、しばしば世界を動かす。

一八五七年、インドの民衆が蜂起し、宗主国イギリスに対して暴動を起こしたインド大反乱。この戦乱のきっかけは、実は奇食だった。

当時、インド人兵の使っていた銃の薬包には、ウシとブタの脂が使われていたのだ。弾薬を装塡する時、インド兵は薬包を嚙み切らねばならない。しかし、ヒンドゥー教徒とイスラム教徒の多いインド人にとって、ウシやブタはタブーであり、奇食そのものなのだ。「こんな銃が使えるか！」ということでインド兵がイギリスに対して蜂起し、これがインド全土を巻き込む大争乱になったのだ。

また最近でも、環境保護団体シー・シェパードが、日本のいわゆる調査捕鯨船を執拗に攻撃していたのをご存じだろう。彼らにとっては、クジラ食はゲテモノそのものであり、捕鯨はただの残虐行為でしかない。

食は、人間の最も根源的な本能である。だから、しばしば人間の強い衝動に火をつけ、歴史を塗り替えてしまうのだ。

そして、奇食を愛する人々もまた、歴史を動かす。

明治時代の文明開化の頃、牛肉はまぎれもない悪食(あくじき)であり、奇食だった。日本人の多くは肉などめったに食べなかったのだ。

だが、「ザンギリ頭を叩いてみれば文明開化の音がする」と歌いながら、軽薄にも牛鍋屋に通った新し物好きが、結果的に日本人の食生活を大きく変えたのだ。もし彼らがいなければ、僕らはいまだにアワやヒエが主体の、貧しい食事に甘んじていただろう。

本書で取り上げた数々の奇食——カンガルー、サボテン、ハチの巣、ザザムシ、ザリガニなど——も、近い将来、僕らの食卓に普通に並ぶ食材になっているかもしれないのだ。その日が来ても、少しも不思議ではない。

本書の制作では、文春新書編集局のみなさんにお世話になった。打ち合わせの中で、クマ鍋を食べに行ったり、満漢全席でラクダのこぶをいただいたり、クロコダイルのステーキを食したりと、いろんなところに連れて行っていただいたが、そのどれも堪能されていた（と思う）。先進的な食べ物は、人間の心を鷹揚にするようだ。

そして最後に、みなさんの食卓に、いつも愛と希望が、そして未来がもたらされることを願わずにはいられない。

奇食とは明日であり、未来そのものである。

二〇〇九年五月　　杉岡幸徳

文庫版のための後書き

この本は、文藝春秋から出版されたものの文庫版である。あれから、奇食業界はどのような変貌を遂げたのだろうか。

私がこのたび調査して驚いたのは、本書で取り上げた奇食や奇食レストランのほとんどが、今もかまわず存続していることだ。

ウサギやサソリ、サボテンといった「伝統の奇食」が生き残っているのは当然だろう。それだけではなく、甘口イチゴスパや納豆コーヒーゼリーサンド、ふなずしパイといった「新しい奇食」も、である。

一般に、飲食店が十年後に生き残っている確率は十パーセント以下という。それなのに、これらの奇料理や奇レストランが平然と今も生存し続けているのはなぜか。

ひょっとして、牛丼やカレーライスといった普通の料理より、変な食べ物を出したほうが、お客の心を摑み、生き残りやすくなるのではないか。思わぬビジネスチャンスが転がっているかもしれないので、今後の研究の課題としたい。

話は変わるが、本書の刊行後、いくつかの大学から「この本の文章を入試問題に使わせてくれ」という要請があった（国語とＡＯ入試）。私は驚きながらも快諾し、事後に試験問題も見せていただいたが、最近の大学は何を考えているのだろうと思い悩んだ。もっとも、この本を事前に読んでいた受験生がもしいたら（いないと思うが）、きっと受験で有利だったに違いない。少しは社会貢献できたようで嬉しい。

文庫化するにあたって、さらに項目を追加した。「パンカツ」「トド」「ソテツ」「カメノテ」「イソギンチャク」「ワラスボ」「蘇」は、「Link Club Newsletter」で連載していたものに大幅に加筆修正した。「イヌ」は完全な書下ろしである。

なお、本書で取り上げた料理やレストランは、時代とともに変化していく可能性があるので、食してみたい方は、事前にネットなどで最新メニューを調べることをお勧めしたい。

最後に、筑摩書房の井口かおりさんに心からの感謝を捧げたい。井口さんが本書をたまたま図書館で発見してくださらなければ、そして文庫化に尽力してくださらなければ、この本が世に出ることはなかっただろう。

二〇二一年二月　　杉岡幸徳

奇食セレクト95

＊印のものは、2020年11月現在、存在するか不明

●伝統の奇食

ホンオフェ（韓国）…強烈な刺激臭で号泣必至。エイの発酵食品。臭気はシュールストレミングより弱い

カイコ（韓国）…ポンテギ（さなぎ）を煮る。屋台の名物。スナック菓子の感覚

カブトガニ（中国）…生物の系統ではクモ、ダニと近似。福建省では鶏卵と炒める

ハエ（中国）…河北省の「肉芽」は幼虫のウジの炒めもの

どくだみ（ベトナム）…香草の扱い。サラダで生食

バロット（東南アジア）…孵化直前の卵。蟹味噌のような濃厚な味わい

ワニ、トカゲ（東南アジア・オーストラリア）…蒸し焼きで。爬虫類は鶏の味に似ている

コウモリ（南太平洋）…草食性コウモリをスープや蒸し焼きで

ダチョウ（オーストラリア）…低脂肪でヘルシー。少し血の臭い

ギムネマ（インド）…熱帯性植物。食べると砂糖をなめても甘さを感じなくなる。番茶にも

モルモット（南米）…ブタに似た味。インカ帝国では食用の家畜

ブタやヒツジの脳みそ（ヨーロッパ・中国・中近東）…偶蹄類の脳みそはご馳走。白子のような味

ヤギ（ヨーロッパ・中近東・沖縄県）…沖縄では刺身、汁で

ハト（フランス・ベトナム・エジプト）…煮込み、ソテーで。胸肉のほか卵、脳みそも美味

虫入りチーズ（イタリア）…チーズに湧いたチーズバエの幼虫を赤ワインと共に

トナカイ（北欧）…オスをステーキ、ソーセージなどで。乳も美味

フーディア（アフリカ）…食欲がまったくなくなる多肉植物。アフリカのサン族が、食欲抑制のために数日間の狩猟に携行

タニシ（日本・中国）…泥抜きして味噌汁、田楽、ぬたに

セミ（東南アジア・沖縄県）…幼虫、成虫を素揚げして塩を振る

シカ（日本・ヨーロッパ）…癖のない味。日本ではかつて「もみじ」という隠語で薬食い

サル（日本）…甕で塩漬けに。猿醤（さるびしお）は熱冷ましにも

フジツボ（東北地方）…塩茹でで。近年では養殖物も

米の漬物（秋田県）…もち米に赤シソなどを入れて漬け込む

アユのくされずし（栃木県）…アユのなれずし。強烈な臭いのあまり、よそから来た嫁が、腐っていると思って捨ててしまうことも

しもつかれ（栃木県）…塩鮭の頭、マメ、ダイコン、ニンジンなどをすりおろし、酒粕で

煮込む。見た目は「何ものか」に似る

くさや（伊豆諸島）…くさや液に浸したムロアジ、トビウオ、シイラの天日干し。酒肴の絶品

くちこ（能登地方）…ナマコの塩漬けした卵巣の乾物。腸の塩辛の海鼠腸（このわた）も酒肴の絶品

ウツボ（熊野地方）…甘露煮、刺身、から揚げで。強精食・妊婦の産後食にも

アメフラシ（島根県）…苦みがある。煮付けなど。昭和天皇も試食

サメ（広島県）…別名ワニ。刺身や煮付けで。アンモニア臭あり

ヒトデ（天草地方）…卵巣を食べる。苦いウニのような味

タラオサ（大分県）…タラのエラと消化器の乾物。見かけは妖怪のよう

ハリセンボン（沖縄県）…フグ目の魚。沖縄でアバサーといい、汁に。小骨が多く脂っこい

ウミヘビ（沖縄県）…燻製を豚足、昆布などと煮込む。イラブー汁は滋養強壮に

宮古そば（宮古島）…沖縄そばの亜種。贅沢を隠すため、豚肉などの具を麺の下に埋めるのが古来のやり方

●新しい奇食

スパゲティ缶（ニュージーランド）…のびきったスパゲティとトマトソース。この世のものとは思えない味。なぜか現地では大人気

くじらバーガー（北海道）…＊　バンズの間に鯨カツを

スープカレー納豆（北海道）…＊　納豆にカレーのたれをかけて

さくらんぼカレー（山形県）…名産のサクランボ入りのカレー。色はピンク。サクランボの香りがする

イタリアン（新潟県）…焼きそばにミートソースをかけ、モヤシを添える。もちろんイタリアにはない

いちごパスタ、苺そうめん（栃木県）…「とちおとめ」を強引に麵に練り込む。色はピンク

コーヒーラーメン（東京都）…スープがコーヒー味で、麵にもコーヒーが練り込んである

チョコレートおでん（静岡県）…＊　つみれの中にチョコの塊

ローメン（長野県）…蒸した中華麵に炒めた羊肉や野菜。一味、七味唐辛子をかける

キウイスパ（愛知県）…＊　激甘パスタにキウイと生クリームを載せて

うなバーガー（愛知県）…バンズの間にウナギの蒲焼き。ノリやチーズ入りも

はんぺんドッグ（愛知県）…＊　はんぺんをはさむ。ちくわが名産の豊橋のメニュー

スシピザ（愛知県）…すし飯にピザチーズを載せて。似たものはカナダにも

フルーツちらし寿司（大阪府）…＊　すし飯にリンゴ、オレンジ、キウイなどを混ぜて

レモンラーメン（岡山県）…麵にレモンの輪切りが大量に載った酸っぱさが人気。伝説的メニュー

ふぐバーガー（山口県）…＊　下関の新名物。フグのフライにタルタルソース
馬肉バーガー（熊本県）…パテが馬肉製。ヒレやタテガミ入りも

●奇妙なデザート

アリ（オーストラリア）…アリの尻に溜まった蜜を食いちぎって吸う。アボリジニのデザートで、上品な味
ジンギスカンキャラメル（北海道）…ジンギスカン鍋に似せた味。なぜかヒツジは入っていない。カルト的人気
にんにくアイス（青森県）…名産のニンニクをきっちり入れたアイスクリーム
のどやけだんご（山形県）…わさび入りの団子で、喉が焼ける
三陸うにアイス（宮城県）…＊　アイスクリームのウニがけ。「シジミ」「サンマ」「アワビ」「タコ」「マツタケ」「マムシ」「牛タン」も
チョコ納豆（茨城県）…チョコがけの納豆。ほんのりと発酵臭が
納豆ケーキ（茨城県）…＊　納豆入りのケーキ。納豆のコクがたまらない。無臭
納豆あめ（茨城県）…アメの中に納豆を埋め込む。なめるとネバネバが
トマト大福（埼玉県）…大福の中にプチトマトが
餃子パフェ（千葉県）…パフェにチョコバナナ入り餃子を添えて
うなぎケーキ（静岡県）…ブランデーを利かせたチョコケーキの中に堂々とウナギの蒲焼

マヨどらバーガー（長野県）…マヨネーズ入りのどら焼き。マヨラー御用達
ソースかつ丼パイ（長野県）…＊　駒ヶ根名物ソースカツ丼味のパイ。豚肉エキス入り
カレープリン（愛知県）…＊　カレー風味のプリン
佃煮ワッフル（石川県）…＊　ワッフルの中に山椒ちりめんなどの佃煮
コーヒーぜんざい（京都府）…コーヒーの中にあんことアイスクリーム
青汁プリン（大阪府）…＊　大麦の若葉、ケールの青汁入り。青汁オーレ、青汁ジェラートも
カキフライソフトクリーム（岡山県）…ソフトクリームにカキフライを載せ、醬油ソースをかける
とんかつパフェ（愛媛県）…フルーツパフェにとんかつを載せて
鍋焼きプリン（高知県）…見かけが鍋焼きうどんそっくり
ハマっちゃうな（香川県）…＊　ハマチの骨まで練り込んだアイス。潮の香りが
すっぽんパワースナック（岐阜県）…＊　すっぽん粉末入り
しいたけグラッセ（大分県）…ココアなどで味付け、マロングラッセ風に

●めずらしい飲み物

ヤギのミルク（ヨーロッパ・沖縄県）…あっさりした味で、牛乳嫌いの人にもいい
クワス（ロシア）…黒パンを発酵させた国民的飲料。気の抜けたビールにリンゴ果汁を加

えた味

カヴァ（メラネシア・ポリネシア）…コショウ科の灌木の根が原料。恍惚となる。ハレの儀式で使用

イモ虫入りテキーラ（メキシコ）…テキーラの原料の竜舌蘭に付いたイモ虫を漬け込む

馬乳酒（モンゴル）…ヨーグルトに似た乳酸飲料。遊牧民の夏季の主食のひとつ

灰持酒（あくもちざけ）（日本）…もろみに木灰を入れて醸造。甘みがある。弱アルカリ性

シジミドリンク（北海道）…女満別（めまんべつ）湖産の新鮮なシジミのエキス入り

行者にんにくドリンク（北海道）…行者ニンニクの濃縮エキスと、なぜかパパイヤ果汁入り

にんにくワイン（青森県）…名産のニンニクをエキスにしてワインに仕込む

クラゲウィンナーコーヒー（山形県）…＊　ウィンナーコーヒーの上にみじん切りのクラゲを載せて

マヨティドッグ（東京都）…＊　ソルティドッグの塩の代わりにマヨネーズをつける

スイーツビール（神奈川県）…黒糖やバニラ入りの甘い黒ビール

岡崎八丁味噌ラガー（愛知県）…＊　味噌入りビール。香りも素敵

●幻の奇食

ヒョウ（中国）…猛獣では最も美味とされる。胎児は中国料理の山八珍の一つ

ゾウ（中国・インド）…宮廷料理。最高の美味の一つとされた。部位で、かなり味が違う
フラミンゴの舌（古代ローマ）…上流貴族の超高級料理
スカンク（南米）…意外に臭くなく美味
ライオン（アフリカ）…若い野生のメスは羊肉に似て美味
ツバメ（日本）…ほろ苦い味。焼鳥で
タカ（日本）…臭いがあり美味しくはないが、かつては最も高価な食材の王者

※本文と同じく、食される地域は主なものを記した

《主要参考文献》

『くさいはうまい』小泉武夫　文春文庫　二〇〇六年／『奇食珍食』小泉武夫　中公文庫　一九九四年／『地球怪食紀行』小泉武夫　光文社知恵の森文庫　二〇〇五年／『不味い！』小泉武夫　新潮文庫　二〇〇五年／『小泉教授が選ぶ「食の世界遺産」日本編』小泉武夫　講談社文庫　二〇〇七年／『中国怪食紀行　我が輩は「冒険する舌」である』小泉武夫　光文社知恵の森文庫　二〇〇三年／水産研究・教育機構　http://www2.fra.go.jp/xq/／水産研究・教育機構のウェブサイトの「ふぐ肉・卵巣糠漬け」http://nrifs.fra.affrc.go.jp/kakou/souran/ransounukaduke/index.html／『全日本食えば食える図鑑』椎名誠　新潮文庫　二〇〇八年／『ヒトはなぜペットを食べないか』山内昶　文春新書　二〇〇五年／『タブーの謎を解く』山内昶　ちくま新書　一九九六年／『日本全国奇天烈グルメ』話題の達人倶楽部編　青春文庫　二〇〇六年／『「ゲテ食」大全』北寺尾ゲンコツ堂　データハウス　一九九六年／『悪食コレクション　あるいは〈食〉としての文化人類学』村上紀史郎編　芳賀書店　二〇〇一年／『秘密のケンミンSHOW　完全レシピ本』読売テレビ編　角川SSコミュニケーションズ　二〇〇八年／『肉食の思想』鯖田豊之　中公新書　一九六六年／『全国縦断　キモウマ!!　ご当地フード』名取紀之編　ネコ・パブリッシング　二〇〇五年／『植村直己の冒険学校』植村直己　文春文庫　一九九四年／『奇食ハンター1〜3』山本マサユキ　講談社　二〇〇八年／『ご当地B級グルメ　関東・伊豆・信州』アドグリーン編　日本出版社　二〇〇七年／『魯山人味道』北大路魯山人　平野雅章編　中公文庫　一九九五年／『捕鯨問題の歴史社会学—近現代日本におけるクジラと人間—』渡邊洋之　東信堂　二〇〇六年／

『日本はなぜ世界で一番クジラを殺すのか』星川淳　幻冬舎新書　二〇〇七年／『クジラは誰のものか』秋道智彌　ちくま新書　二〇〇九年／『クジラと日本人』小松正之　青春出版社　二〇〇二年／『郷土料理とおいしい旅　1～20』朝日新聞社編　朝日新聞社　一九八四～八五年／『美味求真1・2』木下謙次郎　五月書房　一九七三年／『B級グルメが地方を救う』田村秀　集英社新書　二〇〇八年／『世界昆虫食大全』三橋淳　八坂書房　二〇〇八年／『なごやめし』なごやめし研究会　双葉文庫　二〇〇五年／『馬を食う』植竹伸太郎　銀河書房　一九八四年／『いい酒と出会う本』森下賢一　彩流社　二〇〇三年／『極限の民族　カナダ・エスキモー、ニューギニア高地人、アラビア遊牧民』本多勝一　朝日新聞社　一九六七年／『あれも食べた　これも食べた　雑食の雑学』周達生　中央公論新社　二〇〇三年／『虫を食べる人びと』三橋淳編著　平凡社　一九九七年／『中国飲食文化』王仁湘　青土社　二〇〇一年／『中国食探検　食の文化人類学』周達生　平凡社　一九九四年／『最後の晩餐』開高健　光文社文庫　二〇〇六年／『リキュールブック』福西英三　柴田書店　一九九七年／『ここまでやるか名古屋人』名古屋に学ぶ研究会編著　二見書房　二〇〇四年／『翻刻　江戸時代料理本集成　第四巻』吉井始子編　臨川書店　一九七九年／『虫の味』篠永哲、林晃史　八坂書房　一九九六年／『マタギ食伝』村井米子　春秋社　一九九九年／『本朝食鑑　全五巻』人見必大　島田勇雄訳注　平凡社　一九七六～八一年／『虫を食べる文化誌』梅谷献二　創森社　二〇〇四年／『考える胃袋』石毛直道、森枝卓士　集英社　二〇〇四年／『食文化入門』石毛直道、鄭大聲編　講談社　一九九五年／『ヨーロッパの旅』竹山道雄　新潮文庫　一九六四年／『ジュゴン　データブック』倉沢栄一　ティビーエス・ブリタニカ　二〇〇二年／『ジュゴンはなぜ死ななければならなかったのか』真鍋和子　金の星社　二〇〇二年／『考えるキノコ　摩訶不思議ワールド』佐久間大輔監修　ＬＩＸＩＬ出版　二〇〇八年／『美味しんぼ』雁屋哲、花咲アキラ　小学館　一九八四年～／『魯山人の料理王国〈新装復刻〉』北大路魯山人　文化出版局　一九八〇年／『食の文化を知る事典』岡

田哲　東京堂出版　一九九八年／『世界の食文化　全二〇巻』石毛直道監修　農山漁村文化協会　二〇〇三～〇八年／『日本の食生活全集　全五〇巻』農山漁村文化協会　一九八四～九三年／『すしの本』篠田統　岩波現代文庫　二〇〇二年／『楽しい昆虫料理』内山昭一　ビジネス社　二〇〇八年／『食と文化の謎』マーヴィン・ハリス　板橋作美訳　岩波現代文庫　二〇〇一年／『美味礼讃』上、下巻　ブリア――サヴァラン　関根秀雄、戸部松実訳　岩波書店　一九八三年／『肉食タブーの世界史』フレデリック・J・シムーンズ　山内昶監訳　法政大学出版局　二〇〇一年／『ランボー全詩集』アルチュール・ランボー　宇佐美斉訳　ちくま文庫　一九九六年／『発酵食品礼賛』小泉武夫　文春新書　一九九九年／『ジュゴン』池田和子　平凡社　二〇一二年

第7章文庫版増補

『世界大百科事典』平凡社　二〇〇七年／『日本人は、どんな肉を喰ってきたのか？』田中康弘　枻出版社　二〇一四年／『海のけもの達の物語』和田一雄　成山堂書店　二〇〇四年／『友川かずき　ゴールデン☆ベスト』友川かずき　徳間ジャパンコミュニケーションズ　二〇〇四年／『小泉教授が選ぶ「食の世界遺産」日本編』小泉武夫　講談社　二〇一三年／『イソギンチャクガイドブック』内田紘臣、楚山勇　ティービーエス・ブリタニカ　二〇〇一年／『動物誌』アリストテレース　島崎三郎訳　岩波文庫　一九九八年／『美味放浪記』檀一雄　中公文庫　二〇〇四年／「日本古代における乳製品「蘇」に関する文献的考察」斎藤瑠美子、勝田啓子『日本家政学会誌』39巻4号　一九八八年／「狗肉の食のそのタブー（上・中・下）」山田仁史『食文化誌　ヴェスタ』第84-86号　農山漁村文化協会　二〇一一、二〇一二年／『犬の日本史』谷口研語　PHP研究所　二〇〇〇年／『世界のタブー』阿門禮　集英社新書　二〇一七年／『日本書紀　全現代語訳』宇治谷孟　講談社学術文庫　一九八八年／『環境考古学への招待』松井章　岩波新書　二〇〇五年／『中華料理の文化史』張競　ちくま学芸文庫　電子書籍　二〇一三年／『馬を食べる日本人　犬を食べる韓国人』鄭銀淑　双葉社　二〇一四

年／『ヨーロッパ文化と日本文化』ルイス・フロイス　岡田章雄訳註　岩波文庫　一九九一年／'With Lord Byron at the Sandwich Islands in 1825, being extracts from the MS diary of James Macrae, Scottish botanist' William Dean Howells, Honolul 1922／『日本随筆大成　新装版〈別巻6〉一話一言6』日本随筆大成編輯部編　吉川弘文館　一九九六年／『改定　史籍集覧　第十冊（纂録類三六～四四）』近藤瓶城、近藤圭造編　臨川書店　一九九〇年

その他、多くの書籍、雑誌、ウェブサイト等を参考にさせていただきました。

解説　食べて食べて何でも食べて「食」の常識に挑む奇書

宮田珠己

杉岡幸徳さんは、いつも変なものばかり追いかけていて面白い。奇食だけでなく、全国の奇祭や世界の奇妙な性風俗を紹介する本を出していて、どれを読んでも驚いたり呆れかえるような話が満載である。いったいどこからそんなネタを探してくるのか実に興味深いが、なかでも本書は一番体当たり度が高い奇書といっていいだろう。奇祭や性風俗と違って、自ら食べて、つまり当事者となって食レポしてくれている。読むと、よくもまあ、こんなものを食ったな、とやっぱり驚き、呆れかえったのである。

それにしても世の中には壮絶な食べ物があるものだ。私は昆虫食と聞いただけで腰が引け、サソリを口に入れるなど想像するだけで、ひえええっ、と変な声が出てしまうのだが、杉岡さんが挑んだ食べ物は昆虫レベルにとどまらない。たとえば、馬糞。

馬糞？

正気なのか、この人は。

実際そういうものを食べる土地があるようなのである。長野県の伊那地方らしいんだけれども、厳密に言えば、馬の腸を食べるのであり、その中に馬糞の萌芽的なものが混じっているという話だ。んんん、たとえ腸だと言われても私には無理。とても食べられない。いったいどんな味なのだろう。いや、べつに知りたくないや。知りたくないのに、その味について杉岡さんは食レポしてくれる。やっぱり馬糞の味がするらしい。うあああ、知りたくないのについ怖いもの見たさで読んでしまった。

杉岡さんによると「糞」の料理は世界中にあり、そもそも人類は糞を食用として利用していたというからたまげる。

もっと驚いたのは、北極圏のイヌイットの間で食されているキビヤックなる代物だ。これはアザラシの体内で海鳥を発酵させたもので、鳥の肛門から中の液を吸い出すのだという。

うわあっ、て思わず声が出た。

液を吸うって、タイコウチかよ。いや、それより肛門から、って勘弁してほしい。

さすがにこれは食べに行くことはなかったようだが、探検家の植村直己さんがこれを大好きだったというから、また驚く。

そのほか、土を食べたという話も出てきて、それがれっきとしたフランス料理だというのだから、どこを読んでも驚いてばかりなのである。

さらに本書が面白いのは、そういったゲテモノ的な郷土食だけでなく、いわゆる変な創作料理にもチャレンジしているところだ。たとえば、パイナップル茶漬け。愛知県の一角にそんな料理を出す店があるらしい。愛知県はもともとユニークな食べ物が多いことで知られるが、それにしてもお茶漬けにパイナップルは無謀すぎやしないか。そのほかにも親子丼アイスとかイカスミジュースとか、愛知県はまったくしょうがない。

そのほか、私が一番笑ったのは次の指摘である。

《我が国においては、なぜか給食に変な食べ物が出されることが多い》

たしかに、そんなニュースをよく見る気がする。

例として挙げられるのが、滋賀県の小中学校で出されるブラックバス、愛媛県のポンジュースで炊いたみかんご飯など。

採れ過ぎて余っている食材を強制的に大量消費させる魂胆だろうと杉岡さんは推測しているが、子供たちはいったいどんな気持ちでそんな給食を食べているのだろうか。

ほかにも本書には、漬物ステーキだの、鶏のとさかだの、ラクダのこぶだの、イソギンチャクだの、想像を超えた食べ物がいろいろ登場して飽きさせない。イギリスには「トーストサンドイッチ」なるものがあるという話には腰が砕けた。それ全部パンやないか。

だが、そうやっていろんなゲテモノの話を、ひええっ、とか、うはは、とか声をあげながら読んでいくうちに、意外にも本書が興味本位だけの本ではないことがだんだんわかってくる。

多様な食べ物を紹介しながら、杉岡さんは徐々に「食」のタブーを相対化していく
のだ。

何を食べ何を食べないかは、文化や宗教あるいは慣習などに規定されているだけで、絶対的な規準などないことを杉岡さんは露にする。たとえば卵を生で食べる民族は日本人だけだとし、さらに魚でさえも汚らわしいとして食べない民族が少なくないと指摘する。われわれ自身も異端なのだ。

アメリカの人類学者マーヴィン・ハリスの次のような言葉には納得させられた。

「わたしたちが昆虫を食べないのは、昆虫がきたならしく、吐き気をもよおすからではない。そうではなく、私は昆虫を食べないがゆえに、それはきたならしく、吐き気をもよおすものなのである」

すべての常識は疑ってかかる必要があると杉岡さんは主張する。そうしたフラットな視線は、とりわけ日本人の「国民食」と言われるクジラに関する考察で真価を発揮している。

日本の調査捕鯨に対する欧米諸国のバッシングに対し「クジラ食は日本の伝統だ」

と日本人は反論するが、日本人の多くが日常的にクジラを食べたのは、食糧難に喘いでいた敗戦後から商業捕鯨を中止した一九八七年までのわずか四十年に過ぎないと指摘するのである。明治時代に各地にクジラの解体場ができたが、いたる所で日本人による反対運動も起こっていたという。クジラと獲ると海が血で汚れ、魚が獲れなくなるという理由だった。

だから捕鯨はだめだというのではない。すべては相対的なものだということなのだ。本書は変なものを食べまくっているだけの本ではない。漬物ステーキってなんだそりゃ、と笑いながら、同時に、人類の不思議さ面白さを俯瞰で見てみようという野心的な試みなのである。

本書は二〇〇九年六月、文藝春秋より刊行された『世界奇食大全』（文春新書）に、加筆、増補したものです。

ちくま文庫

世界奇食大全（せかいきしょくたいぜん）　増補版（ぞうほばん）

二〇二一年四月十日　第一刷発行

著　者　杉岡幸徳（すぎおか・こうとく）

発行者　喜入冬子

発行所　株式会社　筑摩書房
東京都台東区蔵前二―五―三　〒一一一―八七五五
電話番号　〇三―五六八七―二六〇一（代表）

装幀者　安野光雅

印刷所　三松堂印刷株式会社

製本所　三松堂印刷株式会社

ISBN978-4-480-43738-9　C0177